石田佐恵子
岡井崇之
編

基礎ゼミ
Preliminary Seminar of
Media Studies

メディア
スタディーズ

JN111258

世界思想社

はしがき

メディアへの関心を研究につなげる

　さまざまな機能やアプリを搭載したスマートフォンに、AI アシスタントを搭載したスマートスピーカー。驚くべき速度で新たなメディアが日々生みだされています。メディアを 研 究 するということは、こういった新しいメディアや、それを成立させているテクノロジーを研究することでしょうか。昨今、メディア系学部や社会学部のメディア系コースに限らず、さまざまな学部の学生が「メディア研究」に関心をもっています。日常的に触れたり、身に着けたりしているメディアを研究対象に選ぶことはごく自然なことなのでしょう。

　ここで「メディアに関心があります」という学生たちが最初に考えたレポートの主題（問い）の一例を紹介しましょう。

　　「いま SNS に求められているものとは」
　　「YouTube はなぜ成功したのか」
　　「K-POP と J-POP の違い」

いずれも、話題になっているメディアを取り上げており、なんとなく研究になりそうですが、見聞きするメディア産業界の発想に影響を受けており、学生自身と主題との関係は見えてきません。それでは、メディア研究に意識的に取り組んだ後で、学生たちがまとめたものはどうでしょうか。

　　「ネット炎上のメカニズム──2004 年と 2015 年の事件を題材に」
　　「日本における障害者差別──メディアが描く "美しい" 障害者像」
　　「隠される美容整形──日韓の広告の比較から」

これらのレポートでは、メディアの探究を通して何を知りたいのか、何を学び

たいのかという「問い」が芽生え、そのうえで何を対象にするのかが明確になってきています。「なぜメディアを研究するのか」をみずから問い直し、そこに「問い」を持つことで、「半径1メートル」の閉じた世界から超え出ることができるのです。

　メディアを研究することとは、メディアを対象とすることだけではなく、メディア研究という切り口^{アプローチ}から人間そのもの、社会のさまざまな仕組みや問題に迫ろうとすることだと考えます。

　本書の各章では、さまざまな視点、方法でメディアを研究してきた各執筆者のテーマが並んでいます。しかしながら、そういった研究成果を教養や知識として「教える」ことが目的ではありません。本書では、それぞれの執筆者がこれまでの研究や教育のなかで試行錯誤してきた経験に基づき、問いの立て方、理論や歴史的な資料の使い方、調査方法などをあくまでも一つの事例として提示しています。本書の目的の一つは、これらを参考に読者がみずから問いを持ち、自分でメディア研究に取り組む一助となることです。

　また、各章にはそのテーマを通じて取り組んでほしいワークを盛り込んでいます。ワークには、個人で取り組むものやディスカッションに活用したりするものがあり、下記のように、アイコンで示しています。ただし、これらは目安ですので、それぞれの状況にあわせて柔軟に取り組んでください。

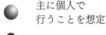 主に個人で行うことを想定

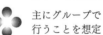 主にグループで行うことを想定

 授業時間内に完結することを想定

 授業時間には収まらないことを想定

本書の目的のもう一つは、ワークに取り組むことで、「自分ならこう考える」「自分ならここをもっと知りたい」という問いや考察をさらに広げてもらうことです。

　社会学者の吉見俊哉は、『大学とは何か』のなかで、1991年に始まる国の「大学改革」の結果、現在の大学での学びが「自由な対話」や「学問」とはほど遠いものになっていると指摘しています（吉見 2011）。「何かのため」といっ

た即自的な報酬に基づいた動機が、教える側にも、また学ぶ主体である学生たちにも広くいきわたっているのではないでしょうか。

　現在、アニメやマンガなどのコンテンツを論じることをもってメディア研究ととらえる傾向も広くみられます。でも、自分が好きなコンテンツについてその内容を紹介したら、メディアを研究することになるのでしょうか。これらの多くに共通するのは、「好き」（あるいは「嫌い」）で終わってしまい、それを問いや社会的な背景と結びつけようとしていないことです。

　イギリスのメディア研究者、R. シルバーストーンは、メディア研究の意義について次のように述べています。

> それ〔メディア研究〕は、個人と集団へ向けられたその関心において人間的でなければならない。それは、社会的・歴史的な特殊性に敏感で、技術決定論、社会決定論の専制を拒否する明確な論理を設定する点で人間的でなければならない。それは、社会科学と人文科学の境界線に進路を取ることを試みるだろう。　　（シルバーストーン 2003：17）

シルバーストーンの提示した重要な論点は、メディアが個人の「好み」をつくりあげることに注目するだけではなく、個人の問いや関心を、その個人の置かれた社会的、歴史的な文脈のなかでとらえなおし、メディアを通じた人間の営みへと関心を広げる必要があるということです。

本書の構成

　本書は4部構成をとっています。従来のメディア研究のテキストは、その多くが「新聞」「テレビ」「インターネット」というように、メディア産業に規定された配列になっていますが、本書では、そのような配置が自明としてきた区別を注意深くとらえなおしています。

　第Ⅰ部「プラットフォームから社会を見る」は、従来のマスメディアとは仕組みが異なるデジタルメディアの新たな性質、つまり状況によって常に自ら変化していく性質――メディアの再帰性（序章参照）――をテーマにしています。それらは新たな表現活動や社会運動などを生みだす一方で、従来のメディア研究ではとらえきれない現象やさまざまな社会問題を生みだしてもいます。

　第Ⅱ部は「《home》からメディアを見る」としています。テレビジョンというメディアは、家庭や住居でメディアを経験するという営みを短い期間でグローバルな規模に広げたとされています。「スイートホーム」や「マイホーム」という言葉を思い浮かべてみましょう。《home》は懐かしさや愛着などの感情と結びついています。テレビは家庭が安心できる場所であることを提示してきました。反対に、《home》でのメディア経験は、家庭の外側の世界を外部として区別し、不安を呼び起こすものとして意識させることが指摘されています（シルバーストーン 2003：196-197）。この安心と不安を、テレビや新聞はどう表象し、オーディエンスはどう受容するのか、ジェンダー、障害、犯罪、食を例に議論しています。

　第Ⅲ部「メディアで境界を越える」は、メディアによって国境や人間の区別を「越境する」という営みに迫るものです。これは、社会科学と人文科学の境界線を縫うように進むチャレンジングな試みですが、ポピュラー文化やスポーツといった、一見すると政治と無関係に見えるものを対象にしても、明確な問いや批判的なものの見方があれば探究につながるということを例示しています。

　第Ⅳ部は「メディアで記録／記憶する」としています。個人化、身体化したウェアラブルメディアを使って人々はみずからの行動や実践の何を記録し、記憶しているのでしょうか。自分自身のこれまでのメディア接触や現在の情報行動（都市や観光地とのかかわり方）についてとらえなおす機会となるでしょう。

　メディアを教える側も「なぜメディアを教えるのか」を真剣にとらえなおすべきときにきているのではないでしょうか。20世紀のマスメディアは常に世論形成や流行の主役であり、ポピュラーなメディア文化を形成してきました。21世紀に入り、情報通信技術を基盤にしたソーシャルメディアの広がりによってマスメディアの影響力が相対化され、学生のメディア観・メディア志向が変化しています。そのようななかでこそ、より本質的で根源的なメディア教育ができると考えます。本書が、メディアを教える学部学科だけではなく、広く人文・社会科学の基礎的な学びに活用されることを願っています。

岡井崇之

目　次

はしがき　i

序章　なぜメディアを研究するのか？　　　岡井崇之　1
──複雑な世界をとらえるために

1　世界を見る視点としてのメディア　1

2　メディアをどう考えるか　3

3　メディアと社会をとらえる理論　6

4　メディア再帰社会のゆくえ　9

第Ⅰ部　プラットフォームから社会を見る

第1章　ネットは「みんなの声」を伝えているか？　　　辻　大介　12
──情報の選択的接触、エコーチェンバー、世論の分極化

1　現在のネット状況とそこにみられる問題　12

2　ネットでの意見発信の特性　13

3　ネットでの意見接触の特性　16

4　民主主義的な世論形成に向けて　18

第2章　なぜフェイクニュースが生まれるのか？　　　藤代裕之　21
──ソーシャルメディア、ミドルメディア、フィルターバブル

1　フェイクニュースと社会分断　21

2　ニュース概念の拡張　22

3　ビジネスモデルの変化　24

4　フェイクニュースに対抗する　27

第3章　スマートフォンは写真をどう変えたのか？　　　増田展大　31
──写真史、ヴァナキュラー、モビリティーズ

1　スマートフォンと写真　31

2　写真の撮影をめぐる変化　32

3　写真の受容をめぐる変化　36

4　写真によるナビゲーション　39

第4章 **美容整形は個人的なことか?**　　　　　　谷本奈穂　41
　　　　　　──身体の社会学、言説、テキストマイニング

　　1　身体と社会　41

　　2　雑誌言説を調べる　42

　　3　ウェブ言説を調べる　45

　　4　身体のモノ化・メディア化　49

第Ⅱ部　《home》からメディアを見る

村田玲子

第5章 **CMのジェンダー表現はなぜ炎上しがち?**　田中東子　52
　　　　　　──広告、性役割規範、視聴者の多様な読み

　　1　テレビCMのジェンダー表現　52

　　2　受け止め方の違いを明らかにする　54

　　3　視聴者の多様な読みはなぜ生まれるか　58

　　4　新しいジェンダー表現の取り組み　61

第6章 **障害者は「がんばる人」なのか?**　　　　前田拓也　64
　　　　　　──テレビ表象、感動ポルノ、障害学

　　1　感動しちゃダメですか?　64

　　2　メディアはどのように批判されてきたか　66

　　3　障害者への「期待」　68

　　4　期待される感情　71

第7章 **女性被害者は本当に多いのか?**　　　　　四方由美　74
　　　　　　──客観的現実、ラベリング、ジェンダーバイアス

　　1　犯罪は増加している?　74

　　2　被疑者・被害者にプライバシーはない?　76

　　3　女性被害者数と報道の関係を分析する　78

　　4　犯罪報道とメディアリテラシー　81

第8章 健康の不安はメディアで解消されるのか？　柄本三代子　84
──信頼、リスク報道、食の社会学

1 不安になるとき、信頼するとき　84

2 安全と安心がセットで使われるとき　87

3 メディアのなかに専門家が登場するとき　88

4 「科学的に正しい理解」の外側を考える　90

第Ⅲ部　メディアで境界を越える

第9章 「外国人」選手はなぜ特別視されるのか？　窪田　暁　94
──異文化表象、南北格差、スポーツにおける人種化

1 外国にルーツをもつ選手の増加　94

2 「外国人」選手への「まなざし」　95

3 表象をめぐる政治　97

4 フィールドワーク的思考　100

第10章 クールジャパンって本当にクールなの？　大山真司　104
──国家ブランディング、グローバル化、セルフ・オリエンタリズム

1 クールジャパンとは何か　104

2 クールジャパンの日本表象　106

3 グローバル文化における生産と流通　109

4 クールジャパンの問題点　111

第11章 K-POP は誰のものか？　喜多満里花　114
──文化コンテンツの越境、ポピュラー音楽のジャンル、ファン文化

1 トランスナショナルな文化交通　114

2 K-POP を越境させているのは誰か　116

3 なぜ K-POP は政治的に語られるのか　119

4 文化の越境は自由か　121

第Ⅳ部　メディアで記録／記憶する

第12章　グーグルマップは世界を描いているか？　　松岡慧祐　124
──パーソナライゼーション、監視社会、場所性

1　デジタル化する地図の功罪を問う　124

2　グーグルマップの機能を分析する　125

3　グーグルマップの地図表現を分析する　127

4　地図の隙間・外部へ　131

第13章　メディア経験から何がわかるのか？　　池上　賢　133
──オーディエンス、アイデンティティ、ライフストーリー

1　オーディエンスの研究　133

2　具体的なメディア経験に注目する　135

3　メディア経験とその背景を分析する　137

4　オーディエンス研究を深める　138

第14章　地域の記憶は誰のものか？　　土屋祐子　142
──地域創生、ステレオタイプ、デジタルストーリーテリング

1　強まる地域ステレオタイプ　142

2　観光地へのフィールドワークと気づき　144

3　デジタルストーリーテリングによる思考の深まり　146

4　語り継ぐ地域、記憶する主体　148

終章　「メディアスタディーズ」の現在とは？　　石田佐恵子　151
──批判的思考に裏づけられたレポート作成のために

1　激変するメディア環境とメディア研究　151

2　研究目的にあったさまざまな「方法」を知ろう　153

3　メディア研究の資料とは何か　155

4　実践的な知を深める、そして、書くという実践　156

引用文献一覧　160　　紹介動画一覧　166
ワークシート　167　　索引　199

序章

なぜメディアを研究するのか？
——複雑な世界をとらえるために

岡井崇之

1 世界を見る視点としてのメディア

メディアイベント化する日常　太平洋戦争後、復興とともに大衆文化が広がっていくなかで、テレビや雑誌などのマスメディアはさまざまなブームや流行の中心にあった。顕著な例として、1958 年に始まる「ミッチー・ブーム」を挙げることができる。当時の皇太子（現上皇）と、民間出身の正田美智子さん（現上皇后）との結婚は、テレビや週刊誌などのメディアを通じて経験され、戦後の「親しみやすい」皇室のあり方を方向づけていった（吉見 2003；石田 2006）。

このような事例に限らず、メディアによって経験された東京オリンピック（1964 年）、大阪万博（1970 年）といった国家的なメガイベントは国民を統合するシンボルとして作用し、その後も国民の「記憶」として共有されてきた。このような例は過去の特定の出来事に対するものだけではなく、現在進行形であり、私たちはそのなかに生きている。

しかし、それらをとらえるには大きな視座転換が必要とされている。前述したようなメディアイベントやメディアと親和性をもつブームや流行のようなメディア文化は、マスメディアを通じて報道されることで国民共通の感情や記憶をつくってきた。だが、スマートフォンでインターネットに常時接続され、都市空間にメディアがあふれている今日、「イベント」のもつ意味あいは変わり、「メディア」と「イベント」は結びつき方も新たなかたちに変貌している（飯

田・立石 2017：iv）。かつて、大衆の意識をある方向に動員する手段と考えられたメディアイベントは、国家的な意識と同時に私たちの嗜癖や身体にまつわるものまでをも覆っている。そしてそれらは、どのような方向に向かうかが予測できない不安定さを備えているのである。

ワーク1

　高視聴率をとったテレビ番組／報道を複数挙げ、それがどのようなものだったかを調べてみよう。余裕があれば、何が「メディアイベント」に含まれるかについて文献などで確認し、本章で触れたもの以外の例を挙げ、その当時の社会においてそれらがどのような意味をもっていたのかを考えてみよう。

メディアの語られ方の変化　　メディア文化はこれまでその影響力が注目され、そこには華やかさや都会的なイメージがともなっていた。メディア文化を語ること自体が時代感覚を表現していた。しかし、現在 SNS（ソーシャル・ネットワーキング・サービス）を利用している人であればマスメディアを揶揄する定型的な文字列を見ない日はないくらいに、メディア不信が表明されている。林香里によれば、メディア不信には、社会にとって重要なメディアを良くしていこうとするポジティブなメディア不信と、特定のメディア企業、組織、あるいはマスメディア全体を非難し、拒絶しようとするメディア不信とがあり、その後者の傾向が世界的にみられるという（林 2017：13-16）。

　このようなメディアをめぐる社会的な文脈の変化は、なぜメディアを研究するのかという大きな問いを私たちに突きつけている。戦後の大衆文化、メディア文化の隆盛と同期するかたちで、大学には「マス・コミュニケーション学科」「メディア社会学科」といったコースが設置されていった。こういったコースでは、メディアの歴史や理論から、法律や政策、またコンテンツの制作といった実践的な内容まで多岐にわたるカリキュラムが用意されている。

　上述したような変化をいち早く意識した津田正太郎は、大学におけるメディア教育が二つの矛盾する批判をメディアの現場から受けていることを紹介して

いる。大学でメディアを学んだ学生が現場で「使えない」という批判と現場の「模倣」ばかりしているという批判だ（津田 2016：i-vi）。ここからは、メディアの現場においても、またメディアを教える側においても、メディア研究<ruby>研究<rt>スタディーズ</rt></ruby>という知がきわめて限定されたかたちで理解されていることがみてとれる。津田は、メディア教育とは「メディアという観点から社会を分析・理解しようとする試み」であるとして、メディアで働く人だけのものではなく、広く共有されるべきだとしている。

　そもそもメディアという現代社会における大きなファクターは、世界のありようについて探究したい人々すべてにとって重要なものであるはずだ。メディアという観点は、数あるアプローチの一つにすぎないかもしれないが、次節以降で述べるメディアの特性やその社会的な意味あいから考えると、そこには人の営みや人と社会の関係について根本から問い直すような普遍性がある。

2　メディアをどう考えるか

マクルーハンのインパクト　メディアという観点から社会について考えるとき、まず M. マクルーハンの名を挙げなければならない。マクルーハンがメディアについての論考を発表したのは 1960 年代であり、メディア研究の歴史からいえばそう古くはない。にもかかわらず、マクルーハンからはじめなければならない理由は、メディアに関するその独特のとらえ方がメディア研究のパラダイム転換をもたらしたことにある。

　検索すれば、メディア（media）とはメディウム（medium）の複数形であり、「中間」「媒介」「媒体」であるという説明が出てくるだろう。それらに共通するのは、何かと何かの間にあるもの、何かと何かをつなげるもの、という意味だ。そう考えると、衣服、乗り物、音楽、言語、あるいは私たちの身体そのもの（第 4 章参照）など、さまざまなものがメディアになりうる。私たちは「メディア」と言ったときに、スマートフォンのような新しいコミュニケーション・ツールやテレビ、雑誌、新聞のような近代以降に広がった媒体をイメージしがちだ。だが、メディアという言葉が意味するものはもっと広いものなのだ。

　マクルーハンは「メディアはメッセージである」と言った（マクルーハン

1987：7)。わかりやすく言えば、メディアが伝えるメッセージよりも**メディアの物質性**（その特性や形式）が重要だということだ。それまで、メディアとはコミュニケーションのための透明な乗り物という考え方が主流だったなかで、この言葉は大きなインパクトをもつものだった。現在、ツイッターでの書き込みが「炎上」を生じさせたり、フェイクニュースをもたらしたりしている。多くの場合、その書き込み（メッセージ）や発信者が注目され、批判される。しかし、そのメディア特性の何がそのようなことを誘発しているのか、そもそもなぜ、私たちはそのようなテクノロジーを受け入れ、そこに巻き込まれているのか。マクルーハン的な視点からとらえなおされることはあまりない。

　もう一つが、メディアがもつ「身体拡張」という原理だ。人間は道具を持ちはじめたときから、自分の身体や感覚を空間的にも時間的にも拡張させてきた。20世紀を代表するメディアとして君臨してきた「テレビジョン」という言葉が、「tele＝遠く」を「vision＝見る」という意味から成り立っているように、遠くにあるものを早く見たいという人間の欲望が社会のコミュニケーションを加速させ、国民国家のような大きなレベルの制度や世界の文化に大きな影響をもたらした。メディアテクノロジーが社会や文化にどのような影響をもたらしたかについての詳細は吉見（2012）を参照してほしい。このようなメディアの根本的な原理は、常に参照されるべき知であるといえよう。

メディアの効果は測れるのか

　メディアが社会にもたらす影響・効果をどう考えるかという探究は、主としてアメリカで展開されてきたが、その見方は時代によって大きく異なる。大石裕の整理によると、弾丸効果、限定効果、強力効果、強力影響・機能の四つのモデルに区分される（詳しくは大石（2016）や佐藤（2018）による入門書を参照してほしい）。

　1920年代から40年代前半に主流だったのは弾丸効果モデルであった。プロパガンダなどの宣伝研究、パニック研究、キャンペーン研究などがあり、その名の通り、マスメディアの情報がオーディエンス（⇒第13章キーワード）に弾丸のように直接到達すると考えられた。

　これらを相対化するかのように、1940年代中頃から60年代中頃に目立ってきたのが限定効果モデルだ。このモデルでは、メディアの効果よりも、個人の

心理的要因や集団的要因が強調され、集団的要因の一つとして、そのなかで影響力をもつ「オピニオンリーダー」による「コミュニケーションの二段階の流れ」が指摘された。

　1960年代後半、テレビの普及やメディアに依存した社会の進展などを背景に、強力なマスメディア概念に立ち返ることが主張される。それまでのモデルの再検討やメディアや社会といった環境の変化を考慮しながら、「議題設定」「沈黙の螺旋モデル」「培養理論」などの研究が生みだされた。これらの研究の多くは、データに基づく経験的手法をとり、その効果（effect）を測定することに重点が置かれていた。

　しかし、暴力シーンがオーディエンスの暴力行動を促進させるのかということが今でも論争になっていること（橋元 2011）が示すように、メディアが個人に及ぼす効果を実証するのは容易ではない。メディアが多様化・複雑化した現代では、メディアの社会的な影響（influence）や機能（function）の探求へとシフトしてきている（強力影響・機能モデル）。

> ### メディアは自由で多様なのか

メディアの効果を科学的に測定しようとする方法は、アメリカにおける資本主義の発展と大きく関係している（映像資料『新・映像の世紀　第2集　グレートファミリー　新たな支配者』（NHK、2015年）が参考になる）。そして、それは大学での知のあり方に大きな影響を与えた（上山 2010）。エネルギーや兵器で巨額の富を築いた資本家が大学の寄付者となり、実証的なデータに裏づけられた「役に立つ」研究が求められた。1950年代のイェール大学、1960年代のスタンフォード大学などで盛んに行われたコミュニケーション研究では、理論化が下位に置かれ、組織的な実験が優先された（マクガイヤ 2005：66）。

　こういった研究には、メディアが自由主義や民主主義に基づく、自由で多様なものという見方が根底にある。いわゆる多元主義モデルだ。このモデルは、経験的な効果研究だけでなく、メディア研究のなかで大きな位置を占めてきた。

　しかし、メディアは本当に自由で多様といえるだろうか。メディアが特定の人々、国家、物事に対するイメージや考え方などをステレオタイプ（⇒第14章キーワード）に描いたり、ある一定の方向に導くことはないのだろうか。2001

年9月11日にアメリカで起きた同時多発テロやその後のアフガン戦争、イラク戦争などを経て、プロパガンダ（政治宣伝）がふたたび注目されるようになった。アメリカ資本主義の象徴の一つといわれる世界貿易センタービルが炎上・崩壊する映像は、世界中のテレビモニターを連日覆い尽くした。

　アメリカや日本を含む同盟国が「対テロ戦争」に熱狂するなか、E. W. サイードやN. チョムスキーといった知識人は異を唱えた。チョムスキーらは、マスメディアに影響を及ぼす政府や広告（⇨第5章キーワード）主などのフィルターの存在を指摘し、それらが相互に関連性をもちながら働くことで、メディアは現状の利害を反映するイデオロギーに支配されるとしている（チョムスキー／ハーマン 2007）。これは、9.11以降のグローバルな規模での社会の変容やメディアテクノロジーの進展、またそれら相互の結びつきのなかで、メディアによる人々の操作や動員がさらに進んでいることを警告するものだ。デジタル社会やポピュリズムの台頭に照準した新たなプロパガンダ研究も立ち現れている（トンプソン 2018；福田 2018など）。メディアが自由で多様性を備えたものかどうかは再検討する必要がある。

3 メディアと社会をとらえる理論

| 文化論的転回 |

　ここでは、メディアと社会をとらえる大きな理論的枠組みを確認しておきたい。弾丸効果モデルの時代の研究はその後、経験的研究にとってかわられたが、メディアの社会的な機能についての重要な理論的な視点がいくつもあった（ラスウェル 1968；ラザースフェルド／マートン 1968）。特に、P. ラザースフェルドとR. K. マートンによる「社会的地位の付与」「社会的規範の強制」「麻酔的逆機能」の指摘は現代でも重要性を失っていない。しかし、多元主義的な立場からの機能分析もまた、マスメディアのプロパガンダや操作の問題を見過ごし、批判性を欠いた顧客満足度調査のようなものへと流れてしまうことが危惧されている（ホドキンソン 2016）。

　長い間、メディア研究では理論は背景に追いやられていたが、社会における文化のもつ機能に注目する流れが人文社会科学において立ち現れた。いわゆる「文化論的転回（cultural turn）」だ。それは、文化人類学の成果から広がった文

化への新しいまなざしを意味している（吉見 2003：13）。第一次世界大戦以降の社会では、国家、政治、経済、ジェンダー、人種などあらゆるものが、「文化」との関連なしには語れなくなっている。そのなかで、S.ホールらを中心として 1990 年代以降、世界に広がったのが**カルチュラルスタディーズ**といわれる知的潮流だ。文化的な実践に即して、マスメディア、人種、ジェンダー、都市空間、サブカルチャーなどのもつ政治性、それらがもたらす「支配-被支配」の構造などを問おうとしたのである。

　これらはメディア研究にも大きな影響をもたらした。一つはメディアの言語と、人々のメディア経験への注目である。メディアの言語とはテレビ番組や雑誌などの具体的なテクストの分析、経験とは人々がメディアをどのように経験しているかを記述すること（オーディエンス・エスノグラフィー）を指している（第13 章参照）。もう一つはポピュラーなメディアへの関心である。カルチュラルスタディーズの影響を受けた研究は従来のメディア研究では重視されてこなかった、バラエティ番組やマンガなどのポピュラーなテクストをその対象としていったのである。

言説が社会をかたちづくる？　もう一つ挙げておきたいのが、言説（⇨第 4 章キーワード）と社会をめぐる理論枠組みだ。前述の文化論的転回になぞらえるなら、言語論的転回（linguistic turn）と呼ぶこともできる。フランスの哲学者、M.フーコーは教授就任の講演で、言説が統御、選択、組織化され、配分されることを通じて、排除が行われる（中村 1981：124）ことを強調した。排除とは何かをタブー視したり、何かと何かを区別し、拒否することだ。

　フーコーの影響のもとで発展したのが、言説分析と呼ばれる方法だ。その背景には、言語・言説を通じて社会がかたちづくられるという考え方（構築主義）があり、ある領域やテーマの知がどのように形成されたかを問う研究が提出されてきた（赤川 1999；広田 2001；山本 2012；福間・山口 2015 など）。メディアの言説に特に注目したのがメディア言説分析という視点だ。これらはメディアに固有の言説の形式や**表象**に注目し、具体的な映像や語りの分析を通じて排除などの問題をとらえようとする（岡井 2004）。

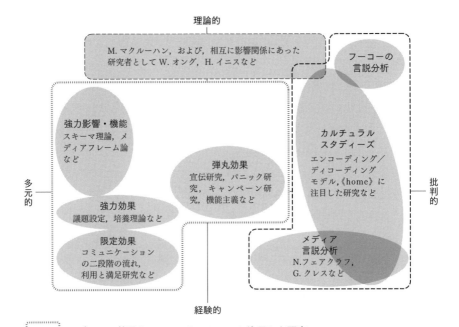

理論的

M. マクルーハン，および，相互に影響関係にあった
研究者として W. オング，H. イニスなど

フーコーの
言説分析

強力影響・機能
スキーマ理論，メ
ディアフレーム論
など

弾丸効果
宣伝研究，パニック研
究，キャンペーン研
究，機能主義など

カルチュラル
スタディーズ
エンコーディング／
ディコーディング
モデル，《home》に
注目した研究など

多元的

強力効果
議題設定，培養理論など

限定効果
コミュニケーション
の二段階の流れ，
利用と満足研究など

メディア
言説分析
N. フェアクラフ，
G. クレスなど

批判的

経験的

メディアの効果やコミュニケーションに注目した研究

批判的な視点，理論的な方法をとるものもあるが，多くは，多元主義的，価値中立的な前提に立ち，経験的な方法を用いている。

メディアの物質性や歴史性に注目した研究

メディアと社会の関係をもっと大きな視点でとらえようとしており，批判的か多元的かではとらえきれない。メディアの技術に注目するため，「技術決定論」的と批判される場合もある。

カルチュラルスタディーズ（CS），言説分析

いずれも，批判的なスタンスをとる。特に CS は，理論的か経験的か，質的か量的かといった方法ではなく，社会的な排除や不平等への「介入」を前提とする。フーコーに影響を受けた言説分析は，理論的・歴史的アプローチをとるが，メディア言説分析や言語学から発展した談話分析などでは経験的な手法に基づく研究もある。

図 0-1　本章で触れたメディア研究の潮流の関係図

　二つの大きな理論的な流れを紹介したが、これらもメディアの理論的思索のごく一部にすぎない。また、社会の急激な変化のなかで新たな理論や視点が生みだされている。新たな理論を生みだす社会的背景、メディア環境の変化について考えることで、メディア研究として取り組むべき問いや対象がより明確になるだろう。

4 メディア再帰社会のゆくえ

　マクルーハンに立ち返ろう。マクルーハンが活躍した 1960 年代、メディアとメッセージは対になっていた。たとえば、日本の地上波テレビは法律により電波を割り当てられ、放送内容もある程度規定されている。視聴者の反応によってテレビ局の番組編成や内容が劇的に変わることはない。だが、デジタルメディアはこの対応関係を突き崩す。SNS のようなデジタルメディアは一時的に、また偶然集合した人々によって、メッセージが瞬時に変わっていく。石田英敬（2016）は、このようなメディアを「プラットフォーム」と呼び、状況に応じて自身のあり方を自ら変化させ調整する性質を「メディアの再帰性」と定義している。そして、このような性質が進んだ社会を「メディア再帰社会」ととらえる。

　ここで問題にしているのは、テレビの具体的な番組や SNS での政治家の扇動的な発言などの次元ではなく、メディアテクノロジーによる人間の意識の支配である。第 2 節では、プロパガンダ・モデルの再評価が必要ではないかと述べた。プロパガンダもメディアテクノロジーによって人々の感情をより直接コントロールする新たな次元に進んでいるという論点もある（マッスミ 2014）。

　メディアテクノロジーが多様化するなかで、メディアをめぐる研究も多様化している。このような状況でメディアの理論化を試みる研究も出てきている（クドリー 2018）。だが、そのような多様化と拡散にともない、メディア理論やその根底にある社会への問いが顧みられることが少なくなっているのではないだろうか。メディアと人間の関係をめぐる根源的な探究は常に必要であり、それが終わることはない。

ワーク2

　映像資料『新・映像の世紀　第 6 集　あなたのワンカットが世界を変える』（NHK、2016 年）を視聴し、まずグループで自由に感想を言いあってみよう。次に、この映像のなかに出てきたプラットフォーム・メディアの肯定的な面と否定的な面を挙げ、メディア再帰社会が何をもたらすのかを自由にディスカッションしてみよう。

メディアの物質性

　M. マクルーハンの用語で、メディアそのものの特性や形式のこと。メディアの物質性への注目がどのような研究の広がりをもつのかは、長谷正人（2015）による説明がわかりやすい。長谷は、そのメディアが潤滑に機能しているときにはメディアの物質性は意識されない（長谷 2015：18-19）と言う。逆にメディアが人々の衝突や社会問題を表面化するとき、その物質的な特性や歴史的な成り立ちに注目する必要があることを示唆している。

カルチュラルスタディーズ

　1960年代のイギリスにはじまり、その後世界に広がった知的な潮流。メディア研究、社会学、文学研究、文化人類学などを横断しながら、ジェンダーや人種などの社会的不平等や権力といった問題を主題化した。日本のメディア研究にも大きな影響を与え、2003年以降「カルチュラル・タイフーン」という対話や表現の場が設けられるなど広がりをみせている。

表象（representation）

　S. ホールは「表象とは、反映とは大きく異なる概念である」と言う（Hall 1982：64）。このように主張されるのは、メディアは世界を反映しているという考え方が社会にあるからだ。だが、「ニュースは社会の鏡」と言い切れないように、表象は世界をある程度反映するものの、世界についての選択的で加工されたものにすぎない（ホドキンソン 2016：6-7）。メディアはステレオタイプな表象をしがちで、媒体（テレビ、雑誌など）やジャンル（バラエティ番組、女性雑誌など）に固有の典型的な描き方がある（第6章の「テレビ表象」、第9章の「異文化表象」も参照）。

ブックガイド

難波功士『広告で社会学』弘文堂、2018年

　「〜で学ぶ」という入門書は他にもあるが、絶妙な広告を事例にこれほど広い分野について論述できるのは、広告会社を経て社会学を学び直した著者をおいて他にいないだろう。「自己、インタラクション」「医療、福祉」「ジェンダー、セクシュアリティ」「科学技術、環境」「グローバリゼーション、エスニシティ」などの章は、本書と関連するものも多い。

津田正太郎『メディアは社会を変えるのか──メディア社会論入門』世界思想社、2016年

　広くメディアと社会について探究した本。入門書のかたちをとり、わかりやすく書かれているが、著者の専門分野であるメディアとナショナリズムの関係をはじめ、世論や社会問題などについて、理論研究に裏打ちされた議論が展開されている。

ホドキンソン、P.『メディア文化研究への招待──多声性を読み解く理論と視点』土屋武久訳、ミネルヴァ書房、2016年

　大きく変化する現代の社会環境や文化のなかにメディアを位置づけ、メディアのさまざまな要素について、理論、歴史、事例などを多様な視点からバランスよく整理。若者文化やインターネット・コミュニティを専門にしてきた著者だけに、ネット社会がコミュニティや個人のアイデンティティ（⇒第13章キーワード）にどう影響するのかについても踏み込んでいる。

第I部

プラットフォームから
社会を見る

第 **1** 章

ネットは「みんなの声」を伝えているか？
──情報の選択的接触、エコーチェンバー、世論の分極化

辻　大介

1　現在のネット状況とそこにみられる問題

ネットに上げられた「声」の力　　もうけっこう前のことになるが、2016 年に「保育園落ちた日本死ね !!!」と題した匿名ブログが話題になった。保育園の抽選に外れたので、仕事に復帰できない。政治家は少子化を問題にするけれど、待機児童への対応はなおざり。そのことへの怒りをブログでぶちまけたのだ。この書き込みはネット上で拡散され、大きな反響を呼び、国会でも「こういう声が上がっている」と取り上げられるまでに至った。

　無名の一般人の声がこれほど大きな広がりをもつことは、ネットのなかった時代にはおよそ考えられなかったことだ。仮にテレビの街頭インタビューで、あるいは新聞記者に対して、そう述べたとしても、「死ね」という表現には問題があるとして、カットされていただろう。マスメディアは世の中の人々の声・意見をすべてそのまま伝えるわけではない。そもそも放送時間や紙面には限りがあるし、一般人がマスメディアを自由に使えるわけでもない。社会に広く情報や意見を伝える力は、テレビ局や新聞社など（の関係者）に限られてきた。

　この状況を一変させたのが、1990 年代半ばから普及しはじめたインターネットだった。ネットでは誰もが自由に情報や意見を発信でき、また、受け手に一方的に伝えるのみのマスメディアとは違って、相互にやりとりや議論をすることもできる。それゆえ、一部の力をもった人や団体・組織だけでなく、あ

らゆる人々の意見が交わされやすくなり、より民主主義的に世論がかたちづくられていくだろう。こうしたバラ色の理想論的な予想が、ネットの普及初期にはしばしば語られていた。

自由なネット空間の
明と暗

さて現在、このかつての予想はどこまで当たっているだろうか。ネットの自由さは、たしかに「保育園落ちた日本死ね!!!」のような無名の一般人の声も大きく広げる役割を果たすことがある。これはひとまず、ネットの明るい面といえるだろう。しかし他方で、誰でも自由に情報発信できるがゆえに、第2章でみるようにフェイクニュースが広がることもある。また、気に入らない相手を集中攻撃する「炎上」現象や（田中・山口 2016）、マイノリティを差別する「ヘイトスピーチ」も、社会問題になっている。これらは、むしろ民主主義をおびやかすようなネットの暗い面にあたるだろう。

2015年に行われた全国調査によれば、20〜30代の若年層は、情報を得る手段として、テレビや新聞よりもネットを重視している（橋元編 2016）。そうしたなか、ネットは今後、広く「みんなの声（意見）」を知り、民主主義的な世論形成を育む場になりうるだろうか。本章では、関連研究をいくつか紹介しながら、意見発信と意見接触の両面から、このことについて考えていこう。

2 ネットでの意見発信の特性

調査からみる
ネットでの意見発信

今、ネットをまったく使わないという人は（特に若者の間では）珍しいだろう。しかし、政治や社会問題について、ネットで意見を書いたり議論したりする人は、どれくらいいるだろうか。

筆者が2018年に行ったウェブ調査の結果を紹介しよう。調査対象は17〜65歳の日本のネットユーザーで、5181人から有効回答を得た。なお、この回答者にはネットをよく利用する人（ヘビーユーザー）が多く含まれているので、その点には少し注意してほしい。

さて、この調査では、〈最近1年間に、政治や社会の問題について、ネット

に自分の意見を書き込んだり、コメント・議論したことがあるか〉を、ブログ・SNS（ツイッターなど）・電子掲示板の場合などに細かく分けて、たずねている。そのうち一つでも「ある」と答えたのは、全体の 20.1％であった。回答者にネットを活発に利用するヘビーユーザーが多いことを考慮すると、この比率は実際より高めに出ていると思われる。実際には 2 割を切るくらいだろう。政治や社会問題に関する「ネット世論」は、こうした一部のユーザーが発する声でかたちづくられているのだ。

　また、ネットでこのような意見発信・議論をする人たちには、性別や年齢にも一定の傾向がみられる。調査データを分析してみると、性別では女性より男性が多く、年齢は高年層より若年層の割合が高い。この点から考えると、「ネット世論」には人々の意見がまんべんなく反映されるというよりも、男性や若者の声に偏りやすいといえるだろう。

発信される意見の偏り　意見発信をする人たちには、その意見自体にも、さまざまな面で特徴的な傾向が認められる。その分析結果を詳しく紹介するスペースはないので、ここでは一例として、憲法改正に対する意見を取り上げてみたい。図 1-1 は、回答者全体（グラフ上）と、ネットで意見発信・議論したことがあると答えた人たち（グラフ下）で、憲法改正に賛成か反対かを比べたものである。

　憲法改正は難しい問題なので、「わからない・答えたくない」という人も一定数いる。全体では約 16％だが、意見発信者の場合は約 9％にとどまる。政治や社会問題についてネットに意見を書き込むくらいの人たちなので、憲法問題についても知識や理解・関心があるということだろう。

　では、賛成・反対の割合についてはどうか。全体では、賛成派が約 30％、反対派が約 28％と、だいたい同じくらいだ（それぞれ「どちらかと言えば賛成／反対」を含む）。それに対して、ネットでの意見発信者の場合は、賛成派が約 42％、反対派が約 27％で、賛成が反対を 15 ポイントも上回っている。つまり、ネットで発せられた意見だけをみていると、世の中には憲法改正に賛成する声の方が多いように錯覚してしまう可能性があるわけだ。

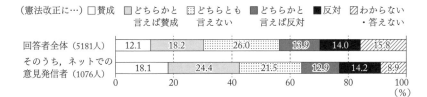

図1-1　ネットでの意見発信者における憲法改正への賛否

大量に発信する
一部の人たち

　さらにまた、これまでの研究では、特定の話題・問題については、ネットに書き込む人のなかでもごく少数の人が、何度も繰り返し書き込みをすることがわかっている（菅原 2009；高 2015）。この点でも、ネットで目につきやすい意見は、大量に発信する一部のわずかな人たちの意見に偏りがちになってしまう。海外の研究では、ソーシャルメディア（⇒第2章キーワード）で拡散されやすい書き込みにもまた、いくつか一定の特徴（偏り）があることが明らかにされている（笹原 2018）。

　たしかに、ネットには誰もが自由に意見を公開できるが、だからといって、「みんなの声」が偏りなく反映されているとは限らないのである。

ワーク1

(1) 「Yahoo！ニュース」（https://news.yahoo.co.jp）では、どういう記事にユーザーからのコメントが多いだろうか。コメントランキング（総合）の上位40位くらいまでを調べてみよう。記事の注目度や重要度以外に、どのような傾向・特徴がありそうだろうか。あなたが気づいたことを、できるだけ具体的に書こう。

(2) コメント数の多い記事のなかから、政治や社会問題に関する記事を一つだけ選んで、そのコメントの内容を調べてみよう。記事の論調に対する賛成（肯定的意見）と反対（批判的意見）の割合や、書き方・表現などに、何か特徴はないだろうか。

3 ネットでの意見接触の特性

ネットニュースへの
意見のコメント
　次に、意見を発信する側から、その意見に接する側へと視点を移してみよう。

　【ワーク1】で取り上げた「Yahoo!ニュース」のように、ネットのニュースサイトには、ユーザーがコメントした数をランキングにして表示しているものがよくある。コメントの多いニュースほど目立ちやすく興味をもたれやすいし、どういうコメントがついているのかを読んでみたくもなるだろう。

　テレビのニュース番組や（紙媒体の）新聞に、こうしたコメントランキング機能はない。ただ、重要なニュースほど、テレビは初めの方で報じるし、新聞は一面の記事にする。このことが、ある種のランキング機能を果たしているといえるかもしれない。しかし、その際には、できるだけ広い範囲の人々にとっての関心事が考慮され、社会全体にとって重要な価値のあるニュースかどうかが判断されている。

　ネットニュースのコメントランキングに、このような考慮や判断は含まれない。ネットで自分の意見をコメントするのは一部の人であり、その人たちは性別や年齢だけでなく、もっている意見にも一定の傾向・偏りがあるのだった。そうした一部の人たちによるコメント数やランキングが、ネット上で大きな存在感をもつ状況のもとでは、「みんな」の意見や関心事──社会全体における世論の実態──を誤ってとらえてしまうことにもなりかねない。

ワーク2

　数名ずつのグループに分かれて、各自が【ワーク1】で調べた(1)と(2)の結果をグループ内で報告しよう。それが終わったら、(1)と(2)それぞれの結果を整理してまとめ、コメントが記事に加わって公開されることが、記事の書き手（報道する側）や受け手（報道に接する側）にどのような影響を及ぼしそうか、議論してみよう。

情報の選択的接触

また、人間には、もともと自分のもっている意見や考え、興味関心にあった情報を選んで接触しがちな心理傾向がある。これを、**情報の選択的接触**という。たとえば、あなたがスマートな容姿と弁舌で知られるある政治家に好感をもっているとしよう。選挙のとき、あなたはその政治家のブログやツイートをフォローしたり、支持者のSNSコミュニティに入ったりするかもしれないが、対立候補や批判者の意見をわざわざチェックしたりすることは少ないだろう。

このように、たとえネット上には相対立する意見があったとしても、もともとの自分の考えや好み（先有傾向）によって、接する意見は一方に偏りがちなのである。こうした選択的接触は、マスメディアでもある程度生じる。ただ、テレビでその政治家の出演するニュース番組を選んで見たとしても、キャスターが批判的な質問をしたり、対立候補も同時に出ていたりするだろう。新聞でも、一方の意見ばかりを取り上げることは少ない。マスメディアでは（建前上であれ）中立公正が重んじられるので、自分と違う考えや思いがけない意見に触れる機会が多少なりとも生まれやすいわけだ。

ネットのニュース配信では、ユーザーがこれまでどういう記事に興味をもってクリックしたかを解析して、その人の好みそうなニュースを優先的に自動表示するシステムの開発も進んでいる（パリサー 2016）。ユーザーにとっては便利で快適な機能だが、裏を返せば、目に入る情報や意見がますます自分の先有傾向にあったものばかりに偏るということでもある。

「エコーチェンバー」

ソーシャルメディアにも、こうした情報接触の偏りを加速する側面がある。「同類結合（ホモフィリー）」と言われるように、人は、自分と関心や価値観が似ている相手と仲よくなりやすい。学校や職場では、そういう相手とばかりつきあっているわけにもいかないだろうが、ソーシャルメディアではつながる相手を選ぶ自由度も高いので、より同類性が高まる。似た者どうしでつながる対人ネットワークが形成されやすいのだ。

そのなかでは、誰もが同じような意見を発信し、やりとりすることになるため、接する意見の幅も狭まってしまう。こうした情報環境のことを、ネット研究では、似たような波長の音（意見）が反響しあう閉ざされた小部屋にたとえて、**「エコーチェンバー（共鳴室）」** と呼んでいる（サンスティーン 2018）。

4 民主主義的な世論形成に向けて

ネットがもたらす問題

ここまでの話のポイントを整理しておこう。

ネットでは、誰もが自由に意見を公開することがで
きる。しかし、実際に政治や社会問題について意見を発信する人は限られてい
た。また、発信者には性別や年齢だけでなく、意見内容にも一定の偏りがあっ
た。マスメディアに対しては、しばしば「偏向」報道という批判が投げかけら
れる。しかし、ネットに上げられた意見にも、やはり「偏り」が含まれている
のである。このことに気をつけておかないと、ネット世論を社会全体の世論と
見誤り、必ずしも多くの人が望んでいるわけではない方向へと、政治や社会が
進んでいく可能性も出てくるのではないだろうか。

　一方、ネットでは意見への接触の面でも、偏りが生じうるのだった。選択的
接触やエコーチェンバーによって、人は、自分のもともとの考え（先有傾向）
と同じような意見に取り囲まれた情報環境のなかに置かれることになる。そこ
では、自分の考えを正しいと思わせてくれる情報や議論に接することが増え、
逆に、自分の考えの問題点や欠点に気づかせてくれるような対立意見は影が薄
くなりがちだろう。そのことによって、自分の考えの正しさを一方的に信じ込
み、より極端な意見をもつようになってしまうかもしれない。

世論の分極化

このような意見の極端化作用を、実際にネットが
人々に及ぼしているとすれば、ゆくゆくは世論や社会
が分断されていくことになるのではないか、とも懸念されている。たとえば憲
法改正のような賛否の分かれる問題のことを考えてみよう。賛成派は賛成派で、
反対派は反対派で、それぞれ自分たちのエコーチェンバーを形成してしまうと、
相手の意見が耳に入りにくい状況が生まれる。人々の意見が両極端に分かれる
世論の分極化によって、互いの溝がますます深まり、折りあいがつかなくなる。
そのような事態が生じることが懸念されているのだ。

　ある調査によれば、アメリカでは 2000 年代後半から、共和党支持者はより
保守的な、民主党支持者はよりリベラルな考え方を強め、政治的な分極化が急

速に進んだことが明らかになっている（Pew Research Center 2017）。2017年に誕生したトランプ政権をめぐる激しい社会的対立・分断状況は、その結果として生まれたものともいえるだろう。興味深いのは、こうした市民の間での分極化が顕著になるよりも前の2004年の時点で、ネット上では保守派とリベラル派の分極化がはっきり現れていた、という研究報告があることだ（クリスタキス／ファウラー　2010：261）。

| 世論・社会の分断を防ぐために |

もちろん、これだけのことから、ネットには世論を分極化し、社会を分断するような影響力があると断定することはできない。今のところネット研究者の間でも確たる結論には至っておらず、さらに研究を積み重ねていく必要がある。それとともに、ネットが民主主義的な世論形成にもたらしかねない悪影響にどう対処すべきか、社会全体で考えていくことも必要だろう。

　意見が厳しく対立すること自体が悪いわけではない。自由に意見を表明しあい、互いの言い分を比較検討することで、よりよい判断や合意を導くこともできるはずだ。表現の自由が民主主義社会で重視される理由の一つも、そこにある（ミル　2012）。

　そこで最後に、次のことを考えてみてほしい。

ワーク 3

　「みんなの声（意見）」をバランスよく知り、一方的に自分の意見が正しいと思い込まないようにするには、どうネットとつきあっていけばよいだろう。ネットで接する意見の偏りを減らすような仕組みは、何か考えられないだろうか。ネット上での意見発信・接触にどのような偏りが生まれやすいかを簡単にまとめたうえで、あなたなりに具体的な対応策を考えて、書いてみよう。

　対応策を考えだすのが難しければ、「ブックガイド」欄の本を参考にしたり、誰かと話しあってもかまわない。いろいろな人の考えに幅広く接して、丁寧な議論を交わすなかからは、きっといいアイデアが生まれてくるはずだ。

キーワード

情報の選択的接触

　　もともと自分のもっている考えや好み——先有傾向（predisposition）——に合致するような
ニュース、意見・言論を選んで接触すること。それに対して、先有傾向に反する情報を避ける
ことを選択的回避という。アメリカの研究では、ネットは選択的接触を促すが、選択的回避は
生じないという調査結果もある。日本での実態はまだよくわかっていない。

エコーチェンバー

　　考えや価値観の似た人どうしがネット上でつながることで形成される情報環境のことを、同
じ波長の声（意見）がこだまする閉鎖空間＝「共鳴室」にたとえて、そう呼ぶ。ネット研究
では 2000 年前後から使われはじめた用語・概念だが、ツイッターやフェイスブックなどでの
対人交流・情報流通が盛んになるとともに、あらためて大きな注目を集めるようになった。

世論の分極化

　　世論が相対立する方向に二極分化することをいう。アメリカのトランプ支持派と批判派、イ
ギリスの EU 離脱賛成派と反対派にみられる激しい反目が、典型例に挙げられるだろう。た
だ、ネットがこうした世論の分断・分裂を引き起こす原因になっているのかどうかには懐疑的
な見方も多く、政治的・社会的要因を含めた慎重な検証が求められている。

ブックガイド

永田浩三編『フェイクと憎悪——歪むメディアと民主主義』大月書店、2018 年

　　現在のメディア状況のもとで、事実を軽視した言論や極端に偏った意見がどのように広がっ
ているかを、多彩な執筆陣が論じた本。筆者（辻）もそのなかの一人で、ネット社会における
世論の分断について考察している。【ワーク 3】に取り組むときにも参考になるはず。

**笹原和俊『フェイクニュースを科学する——拡散するデマ、陰謀論、プロパガンダのしく
み』化学同人、2018 年**

　　フェイクニュースという問題を通して、現在のネット研究の動向や知見を幅広くつかむこと
のできる優れた入門書。人工知能技術やビッグデータを活用して研究を進める「計算社会科
学」という新しい分野のアプローチが、初学者にもわかりやすく解説されている。

**サンスティーン、C.『#リパブリック——インターネットは民主主義になにをもたらすの
か』伊達尚美訳、勁草書房、2018 年**

　　著者のサンスティーンはアメリカ憲法学界の第一人者だが、社会心理学や行動経済学などの
知見を取り入れながら、実証的なネット研究も進めている。文章も読みやすく、ネット社会に
おける民主主義や表現の自由の問題を考える際には、必読の一冊。

第2章

なぜフェイクニュースが生まれるのか？
——ソーシャルメディア、ミドルメディア、フィルターバブル

藤代裕之

1　フェイクニュースと社会分断

　2016年11月のアメリカ大統領選挙は大方の予想を覆し、D.トランプ候補が当選した。『ニューヨーク・タイムズ』のようなマスメディアだけでなく、データを使って選挙結果を予測するサイトも、対立するH.クリントン候補が当選する可能性が高いと伝えていた。予想外の結果となった選挙戦の背景を調査するなかで、フェイクニュースの存在が浮かび上がってきた。

　ニュースサイトの『バズフィード』は、資金稼ぎのためにマケドニアの若者が「ローマ法王がトランプを支持」などのフェイクニュースを作りだしていることを突き止めた（Silverman & Alexander 2016）。フェイクニュースが選挙戦の結果に影響したのではないか。そんな議論がはじまった12月、「ピザゲート」事件が起きて社会に衝撃を与えた。ワシントンのピザ店の地下室にクリントン候補がかかわる小児性愛者グループの拠点がある、というフェイクニュースを信じた人物が銃を持って押し入ったのだ。ピザ店は小児性愛者グループとは無関係で、地下室すら存在しなかった。

　フェイクニュースは、間違ったニュースに騙されるという話だけではなく、宗教や政治的な対立、人種差別といった社会的分断を進めるものとしてとらえられている。イギリスのEU離脱や中東カタールと周辺国の国交断絶などにも影響があったといわれている。本章では、メディアの環境変化とニュースが伝わる構造を理解することで、なぜフェイクニュースが広がるかを考えてみたい。

2 ニュース概念の拡張

ソーシャルメディアの登場　フェイクニュースは大統領選挙以前から存在しているが、アメリカの国際ジャーナリストセンター（ICFJ）が取りまとめた「フェイクニュースの歴史」によると、紹介された事例の半分が 2016 年以降となっている（Posetti & Matthews 2018）。**ソーシャルメディア**の登場で、フェイクニュースが、より速く、より広く、拡散するようになり、社会的な影響が大きくなっている。

　ソーシャルメディアの特徴は、誰でも気軽に情報が発信できることにある。2000 年代に入り、ブログ、SNS、動画投稿サイトなど、人々が投稿できる多様なサービスが普及してきた。ソーシャルメディア登場以前にも、ウェブサイトや電子掲示板は存在したが、その作成にはプログラミングなどの専門的な知識が必要だった。スマートフォンの登場も普及を後押しした。2007 年にアップル社が iPhone を発売し、いつでも、どこでも、発信できる流れが加速した。ソーシャルメディアとスマートフォンにより、マスメディア時代に情報の受信者だった人々は、受・発信者という存在に変化していった。

　新しく生まれたソーシャルメディアは発展途上だ。総務省情報通信政策研究所（2019）の調査によると 2012 年のフェイスブックとツイッターの利用率はそれぞれ 16.6％と 15.7％、2018 年には 32.8％と 37.3％と倍増している。年齢別に見ると、20 代ではフェイスブックは 47.4％、ツイッターは 76.1％と多くの利用者がいるが、60 代ではそれぞれ 14.4％と 9.0％にとどまっている。ソーシャルメディアは、年齢や地域により利用するサービスも異なる。「みんな」が使っているわけではないことに注意が必要だ。

ミドルメディアの登場　初期のソーシャルメディアは、マスメディアを情報源にしていた。新聞記事やテレビ番組の内容をブログなどにコピーし、一言感想を書き込むようなものだ。今でも、マスメディアはソーシャルメディアの主要な情報源ではあるが、ソーシャルメディアが普及するにつれて、ソーシャルメディアの投稿自体がニュース化していく「ニュース

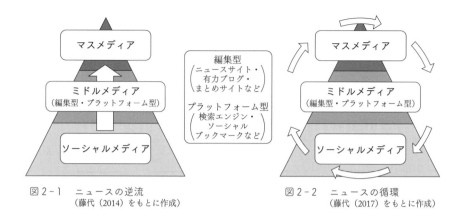

図 2-1　ニュースの逆流
（藤代 (2014) をもとに作成）

編集型
（ニュースサイト・
有力ブログ・
まとめサイトなど）

プラットフォーム型
（検索エンジン・
ソーシャル
ブックマークなど）

図 2-2　ニュースの循環
（藤代 (2017) をもとに作成）

の逆流」が生まれていく（図 2-1）。

　まず、芸能人やスポーツ選手が引退や結婚を発表するようになった。次に、普通の人々の投稿もニュースとなっていく。事故や災害時の写真や動画、炎上と呼ばれる若者によるコンビニでの迷惑行為などだ。ソーシャルメディアの投稿を、ニュースサイトや掲示板のまとめサイトが取り上げることで大きな話題となり、それがテレビの情報番組などに紹介されていく現象を見て、筆者はこの伝播構造の中心にあるサイトを「**ミドルメディア**」と名づけた。マス・ミドル・ソーシャルと 3 層化したメディアは相互に影響を及ぼしながら、話題を拡散していく「ニュースの循環」を生みだしている（図 2-2）。

　　　　　　　　　　　　ヤフーに代表される、検索やショッピングなど多彩
マスメディアの凋落　　　なサービスをそろえたポータルサイトは、国内で大き
な影響力をもっている。ポータルサイトのニュース配信元の多くは、新聞社や通信社といったマスメディアだったが、2005 年頃からミドルメディアが加わるようになる。その結果、マスメディアではニュースにならなかった事象もインターネットに広がっていった。

　筆者は大学生が「ニュース」だと感じた情報を調査した（藤代 2018）。34 人の大学生が接触したニュースの制作者は 142 に上り、マスメディアだけでなく、さまざまなニュース制作者が発信した、さまざまなニュースに接触している状況が明らかになった。このようにニュースの概念が拡張したことで、マス

メディアはニュースの担い手の中心から凋落しつつある。

　ミドルメディアは、これまでマスメディアには取り上げられなかったニュースを世に出すという多様性に貢献したが、フェイクニュースを拡散する要因にもなっている。

　たとえば、「ピザゲート」事件では、ソーシャルメディアに存在していた断片的な情報や憶測がミドルメディアにより組み合わされ、拡散していったことがわかっている。ニュースアプリなど、さまざまなサービスの登場により、ニュースが伝わる経路はいっそう複雑になり、フェイクニュースを見破ることはいっそう困難になっている。

ワーク1

　この1週間で自分がスマートフォンから見たニュースを確認しよう。そのニュースは、どのようなニュース制作者により作られ、どのような経路をたどってきただろうか。

3　ビジネスモデルの変化

**ニュースを支える
ビジネス**

　ニュース概念が拡張した背景には、ニュースを支えるビジネスモデルの変化がある。ビジネスモデルは媒体によって異なる。新聞は購読料と広告の二本立て、NHKは受信料、民放テレビは広告によって支えられている。インターネットメディアは広告が中心だ。インターネット黎明期に利用者から課金する仕組みが乏しかったこと、もう一つは、ポータルサイトが自社の多彩なサービスを利用してもらうための集客コンテンツとしてニュースを利用したことが要因となり、インターネット空間におけるニュース無料の流れが定着した。

　広告の仕組みもマスメディアとは大きく異なる。自分のブログやサイトに簡単に広告を導入することができるようになり、収入を得られるようになった。広告を出す企業などを広告主というが、これも同様に、簡単な設定を行うだけでよい。誰でも気軽に、広告媒体にも、広告主にもなれるようになった。

マスメディアには、法律違反、差別的な表現、虚偽の表現がないか、などを事前確認する広告審査が存在するが、インターネットは事後対応で、問題があってもほとんど削除されない。さらに、どの広告が、どのサイトに表示されるのかは、自動化されブラックボックスになっており、広告会社すら把握できない。このような仕組みが、フェイクニュースだけでなく、差別を煽るヘイトスピーチ、違法サイトの存在を支えている。

ページビューを求めて　インターネット広告は、クリックされたり、そこから商品が購入されたりすると、サイト運営者などに収入が入ることになっている。ページビューが増えれば、クリック数が増え、収入も増える。マケドニアの若者は、クリントン候補のフェイクニュースも作っていたが、トランプ候補の記事の方がページビューを稼いだのだ。

　読売新聞記者からヤフートピックス編集長になった奥村倫弘は、「コソボは独立しなかった」という表現でインターネットにおけるニュースの特徴を明らかにしている。2008年2月に起きた旧ユーゴスラビアのコソボ独立に関して、新聞各社は1面で大きく取り上げたにもかかわらず、ヤフーでは全体の2％程度のアクセスしかなかった（奥村 2010）。政治や経済といったニュースよりも、芸能人の不倫や政治家の不祥事といったスキャンダルの方がページビューを稼ぎやすい。フェイクニュースも同様にページビューを稼ぎやすい。

　2016年、大手企業DeNAの運営するサイトが健康に関する信憑性のない情報を掲載し、批判を浴びた問題は、代表的な事例だ。クラウドソーシングと呼ばれる、インターネットを通して仕事を依頼する仕組みを使い、数百円という安い値段で記事を書かせ、サイトに大量に掲載するという手法を使っていた。ページビューを稼げば、ニュースの質や制作者は問わないというビジネスモデルがフェイクニュースの温床となっている。インターネットに散らばるおもしろい情報や陰謀などを適当に組み合わせて記事にする作業は、実際に取材したり、情報を確認したりする手間もかからない。

　アメリカでは質が担保された記事を読むためにマスメディアの有料購読者が増加しているが、有料化したところで、無料でニュース記事を読む人にとっては、ビジネスモデルが変わらない限りフェイクニュースが混じった品質の低い

情報に囲まれるという状況は変わらないだろう。

**とらわれの
フィルターバブル**　｜　インターネットからニュースを見つづけると、自分が見たい情報だけに包まれる**フィルターバブル**にとらわれることがある。

　フェイスブックを舞台にした選挙コンサルティング会社ケンブリッジ・アナリティカ社の問題が知られる。同社は、性格診断アプリを使い、誕生日、住所、誰とつながっているのか、などのデータを取得、有権者の考え方を分析し、それに合わせてフェイクニュースを配信することで世論操作を行った。

　またロシア企業が、親イスラムと反イスラムの団体が同じ場所で集会を計画しているというフェイク広告をフェイスブックに掲載したことで、実際に路上での衝突を引き起こしたことも、アメリカ議会の調査により明らかになっている。

　このような世論操作が可能なのは、インターネット企業がビジネス投稿や閲読履歴を分析してビジネスをしているからだ。

　グーグルの検索結果は利用者の履歴によって異なる内容が表示されている。フェイスブックも、すべての友達の書き込みが表示されるわけではない。いつも、「いいね！」を押している関係性が強い人の書き込みが表示されるようになっている。自分の考えに似たような人や情報に触れることで、利用者はサービスを気持ちよく使いつづける。そして、知らず知らずのうちに考えが偏ってしまい、一部の情報にもかかわらず「みんな」が見ていると勘違いしてしまうのだ。

　2016年のアメリカ大統領選挙に関して、トランプ支持者とクリントン支持者がどのようなニュースサイトをソーシャルメディアでシェアしたのかを調査した研究によると、両支持者の中間的なメディアの存在感は乏しく、トランプ候補を支持するニュースサイトを中心に、マスメディアから隔絶していたことが明らかになっている（Benkler, Faris, Roberts & Zuckerman 2017）。人は自分にとって都合がよい主張をするニュースサイトを選んでシェアする。

　日本でも、特定の弁護士に対して大量の懲戒請求が起きた事件で、フィルターバブルの影響が指摘されている（NHK 2018）。【ワーク2】でフィルター

バブルに陥っていないか確認しよう。

ワーク 2

　数名ずつのグループに分かれ、この 1 週間で各自がスマートフォンから見たニュースを確認しよう。グループのメンバーと自分で、見ているニュースが同じか違うか確認したうえで、違うとすればなぜそうなのか、ふだんの投稿や閲読の履歴を振り返り、フィルターバブルの観点から考えてみよう。

4 フェイクニュースに対抗する

規制か表現の自由か　　フェイクニュースに対して世界各国は対策を進めている。特に選挙時にフェイクニュースが流れてしまうと、間違った情報を信じた有権者による投票が行われ、民主主義の根幹が揺らぎかねないため、法的な対応を進める国もある。

　ドイツは 2017 年にフェイクニュース対策の法律を施行した。フェイスブックや YouTube といったソーシャルメディアを運営する企業に対し、フェイクニュースや人種差別的な書き込みに対応するように求めた。24 時間以内の削除などに対応しなかった場合、最大 5000 万ユーロ（約 60 億円）が科せられる。しかしながら、対策の法律が反体制派の抑圧やメディア規制に利用され、表現の自由が奪われることが懸念されている。マレーシアでも 2018 年にフェイクニュースの対策法が施行されたが、選挙時に対立陣営の攻撃に利用され、国際的な人権団体などからも批判が起こり、4 か月で法律は廃止された。

　日本では対策の法律は存在しないが、関連してプロバイダ責任制限法（プロ責）がある。プロ責では、発信者情報の開示や投稿の削除対応などが行え、選挙に関する情報については通常よりも早い対応が規定されている。だが、企業を保護する側面が大きく、十分とはいえない。ヘイトスピーチ対策法も 2016 年に施行されているが、罰則のない啓発を目的としたもので実効性は乏しい。

　ソーシャルメディアを運営する企業はフェイクニュースやヘイトスピーチを野放しにしており、国内での法規制の必要性を訴える声はあるが、表現の自由

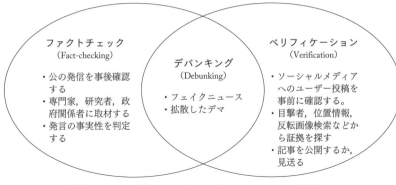

図2-3　ファクトチェックとベリフィケーションは異なる
（Mantzarlis（2018）をもとに作成。訳は藤代裕之・耳塚佳代）

との兼ねあいがあり非常に難しい。

ファクトチェック　フェイクニュースが問題になると、ファクトチェックという言葉が注目を集めるようになった。フランスでは、2017年の大統領選の際に新聞社やニュースサイトが加わったメディア横断型のプロジェクト「クロスチェック」が行われ、日本国内でもファクトチェック・イニシアティブ（FIJ）が活動を開始した。

　ファクトチェック団体は世界で増加しているが、フェイクニュースに対するファクトチェックという言葉はわかりやすい反面、混乱も起きている。そこで、ユネスコのハンドブックは、図2-3のように言葉を整理している。政治家の発言を事実確認することをファクトチェック、ソーシャルメディアの不確実情報を検証することをベリフィケーションに分け、その中間にフェイクニュースを暴く「デバンキング」を置いた（図2-3）。

個人のリテラシー　フェイクニュースに対して個人はどのように対応すればいいのだろうか。フィルターバブルの影響で、個人のメディアリテラシーは脆弱なものとなっている。それでも、いくつかの取り組みが試みられている。ワシントン州立大学バンクーバー校のM.カルフィールドが提案しているのが「90秒ルーチン」だ。①情報源を確認する、

②情報源を上流にさかのぼる、③他のソースを確認する、の三つのステップで簡単に行える。ウィキペディアの記載を確認することも推奨している（Caulfield 2017）。

　公益財団法人新聞通信調査会（2019）によれば、インターネットでニュースを見る時に出所を気にする人は若いほど少ない。18〜19歳の大学生世代では「全く気にしない」が33.3％もいる。ウィキペディアには不確実な情報も多く、有効性は限られるが、ほとんどの人がニュースをそのまま受け取っている現状に比べれば、複数の視点からニュースを相対化できるという効果がある。

　トランプ大統領が、自身に批判的なメディアを「フェイクニュースだ」と呼んだように、フェイクニュースという言葉は、マスメディアを批判する言葉としても都合よく使われ、「マスゴミ」という言葉もあふれる。だが、マスメディアは間違えていれば訂正や謝罪を行うが、フェイクニュースを発信する人や国は訂正することはない。マスメディア不信は強まる一方だが、間違えたら謝る友人と、謝らない友人のどちらが信用できるだろうか。

　本章では、フェイクニュースが生まれる背景を学んだが、ソーシャルメディアを利用する受・発信者である私たち自身がフェイクニュースに対抗するために、何ができるか考えたい。

ワーク3

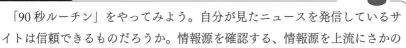

　「90秒ルーチン」をやってみよう。自分が見たニュースを発信しているサイトは信頼できるものだろうか。情報源を確認する、情報源を上流にさかのぼる、他のソースを確認する、の三つのステップに取り組もう。

キーワード

ソーシャルメディア

　筆者はソーシャルメディアを「ユーザーがインターネット上にコンテンツを投稿できるサービス」と定義している。具体的には、ブログ、SNS、画像や動画の共有サイト、などがある。EC サイトや旅行サイトの投稿を含む場合もある。

ミドルメディア

　インターネットの掲示板やブログ、口コミなどのパーソナルメディア（ソーシャルメディアを含む）とマスメディアの中間にあるメディアのことで、筆者が定義した。ミドルメディアには、編集型とプラットフォーム型の 2 種類があり、編集型はニュースサイトや著名ブログが、プラットフォーム型はソーシャルブックマークや検索エンジンがある。

フィルターバブル

　活動家の E. パリサーが提唱した概念。利用者のデータを解析した検索エンジンのアルゴリズムにより、自分が見たい情報だけが見える状態を泡に包まれることにたとえたが、アルゴリズムの影響はソーシャルメディアでも大きい。別の考えを受け入れなくなった結果、対立が先鋭化し、フェイクニュースを信じ込む人が生まれると考えられている。

ブックガイド

藤代裕之『ネットメディア覇権戦争——偽ニュースはなぜ生まれたか』光文社新書、2017年

　本章でも触れたフェイクニュースが生まれる歴史や構造を描いている。ヤフーやニュースピックスなど、人々が触れる代表的なサイトと日本経済新聞の取り組みを取材しており、ニュースが生まれる現場を理解できる。

パトリカラコス、D.『140 字の戦争——SNS が戦場を変えた』江口泰子訳、早川書房、2019年

　普通の人々がソーシャルメディアで発信することで戦争や社会分断に加担していく様子を、中東専門のジャーナリストが各地を取材して浮かび上がらせた。ロシアのフェイクニュースづくりとその影響に関する記述は具体性に富んでいる。

パリサー、E.『フィルターバブル——インターネットが隠していること』井口耕二訳、ハヤカワ文庫、2016年

　インターネットでは、誰もが自由に発信し、多様な意見が飛び交うという考え方があるが、フィルターバブルによりインターネットが民主主義社会に悪影響を与えるという、パリサーの問題提起は色褪せるどころか、より深刻度を増している。

第 **3** 章

スマートフォンは写真をどう変えたのか？
──写真史、ヴァナキュラー、モビリティーズ

増田展大

1 スマートフォンと写真

セルフィという現象　世界で初めてカメラ機能を搭載した携帯電話は、2000 年の日本で販売された。各社が撮影機能や画素数を競いあうように向上させていくと、2007 年には iPhone が発売される。そこから爆発的に普及したスマートフォンは、私たちが実質上のコンピュータである情報端末をポケットに入れて持ち歩くことを可能にする。そして、インスタグラムが公開された 2010 年頃から、SNS 上では世界中で数億人規模のユーザーが自分たちの写真を公開し、共有するようになっている。

　これら写真を取り巻く環境の変化は、従来の写真にどのような変化をもたらしたのであろうか。このことを象徴する事例となるのが、セルフィ（自撮り）と呼ばれる撮影行為の増加であるだろう。スマートフォンを中心として、レンズを自分に向けて撮影するという行為が一般化したことは、情報端末の多くに「イン」カメラが搭載され、インターフェイスのデザインが撮影から公開までの一連の作業を容易にしていることにも示されている。

　ただし、そのセルフィに対する反応について言えば、賛否両論に分かれることが少なくない。たとえば、ユーザーは自己イメージの表現や仲間内でのコミュニケーションを愉しんでおり、その気軽さゆえにセルフィはかくも頻繁に繰り返されているのかもしれない。しかしながら、自分の写真をオンライン上にアップし、公開することに違和感や嫌悪感をもつ人もおり、そうした実践はナルシシズムや承認欲求の発露でしかないといった指摘もある。

写真というツール？　これらポジティブ／ネガティブな反応のいずれにしても、双方の立場に共通して前提となっているのは、撮影者の手元で容易に操作可能な写真を「ツール」として理解するような態度である。たしかにスマートフォンに搭載されたカメラは、メールやスケジュールなどのアプリケーションと並ぶ機能の一つであり、実際に写真をメモ代わりに利用することも少なくない。

　しかしながら、私たちは日々、数え切れないほどの写真を撮影しており、画面上ではそれ以上の数の写真を絶え間なく受容している。これらの量に限らず、写真はスマートフォンと結びついたことで、その撮影や内容にまで強い影響を与えているのではないだろうか。

　このような観点から次節では、セルフィやインスタグラムを事例として、その歴史や内容について比較・分析していく。これらの議論が写真の「撮影」を中心とする一方で、本章の後半部分では写真を「受容」する場面に着目し、それが実際に私たちに及ぼす具体的な影響について考察する。それによって、スマートフォン以降の写真に生じた変化を明らかにしたい。

ワーク1

　セルフィ（自撮り）は自己表現なのか、自己満足でしかないのだろうか。自撮り写真のポジティブ／ネガティブな側面について、それぞれ自分の考えを書き出してみよう。

2　写真の撮影をめぐる変化

セルフィの源流　セルフィという言葉が近年に登場したとはいえ、「自分で自分の写真を撮る」という実践であれば、その源流は**写真史**の黎明期にまでさかのぼることができる。たとえば、世界初の写真は 1839 年のフランスで公表されたダゲレオタイプとされるが、その翌年には、フランス人写真家の H. バヤールが著名な自画像写真を発表している（「溺死者に扮したセルフポートレート」）。この写真のなかで彼は、小道具に囲まれ

H. バヤール「溺死者に扮した
セルフポートレート」(Gunthert 2017)

J. バイロンほか「バイロン社」
(Collection of Museum of the City of New York)

て上半身の肌も露わに目を閉じたまま椅子に腰掛けており、これは「溺死体」に扮したポーズであるとされる（バジャック 2003）。だが、世界初のセルフポートレート写真を発表した男はなぜ、このように不吉な演出を選んだのだろうか。

　その答えは、この写真の裏面に記された文章から明らかとなる。先のダゲレオタイプを発表した L. J. M. ダゲールは、その特許をフランス政府に譲り渡したことにより終身年金が支給されるほどの名誉を獲得した。その一方で、バヤールは同時期に並行して独自の写真技術を開発したにもかかわらず、その成果が正当に評価されないことに不満を覚えていた。そのことを訴えるためにバヤールは、ショックのあまり川に身を投げた男の遺体としてみずからのことを演出すると、その哀れな姿を自身の写真技術によって撮影したのである（バッチェン 2010）。

　このバヤールの実践がきわめて興味深いのは、現在までの写真の多様な特性をすでに体現していると考えられるためである。たとえば、（まるで有名な報道写真や広告写真のように）強い目的意識に由来するメッセージを写真に託し、（亡くなった先祖の写真を飾るなど）その姿を記念碑のように後世に永く残そうとし、そして、そのためには自身の外見の多様な演出も可能であるといった点である（彼は実際に亡くなったわけではない）。

　事実、19 世紀を通じて、写真は自身の似姿を残すという肖像画の伝統を、

特権階級のみならず中産階級へと大衆化していく。20 世紀に入る頃から撮影機器の簡易化や軽量化が進むようになると、1920 年頃のニューヨークでは、現在のセルフィとほとんど同じ写真が残されている（「バイロン社」）。ここでは、中年男性たちが楽しげに手持ちのカメラを覗き込んで自分たちの姿を撮影するばかりか、表面に各自の名前を書き込んでいるのを確認することもできるだろう。

撮影者が被写体でもあるということ　このように自分で自分を撮影するだけであれば、それは写真の歴史のうちで決して珍しいことではなかった。では、「セルフィ」という言葉が 2013 年になって『オックスフォード英語辞典』に流行語として取り上げられるなど、あらためて注目を浴びることになったのはなぜだろうか。その理由を端的にまとめるなら、スマートフォンによっていつでもどこでも写真を撮影する機会が爆発的に増加したこと、そして、それらの膨大な数の写真を撮影・編集・共有する一連の流れが、オンライン上を中心に加速しているからである。

　ただし注意すべきことに、これらの変化は必ずしも「自由に」撮影できるということを意味してはいない。ここでもセルフィに注目するなら、たしかにカメラを持った撮影者は、自分の身体をレンズに向けて調整し、好みのポーズをとっているかのようである。だが、先のバヤールの自画像写真とは異なり、その写真の右下か左下にはしばしば被写体の腕が写り込んでしまう。スマートフォンなどを構えて自分を撮影するには、カメラと被写体との距離が必然的に自分の腕の長さの距離に限定されてしまうからである。たしかに自撮り棒などを利用してそれ以上の距離を確保することもできるが、撮影者と被写体が重なり合う以上、棒を持つという行為は身体をますます拘束するような実践であるともいえる。

　以上のように写真史を参照することによって明らかになるのは、撮影のための機器と私たちの身体との関係が常に写真にとって基盤になっていたという事実である。そして、このことはセルフィに限らず、身の回りの写真の内容や撮影の方法とも無関係ではありえない。

インスタグラムが
写し出すものメディア研究者の L. マノヴィッチは、インスタグラムの公開から 5 年の間に投稿された 1500 万枚もの写真データを解析した研究を発表した（マノヴィッチ 2018）。撮影者の性別や都市ごとの撮影地と、構図やデザインとの関係を比較した結果、インスタグラム上の数々の写真が三つのタイプに分類されている。以下、スマートフォンやSNS 以降に特徴的な撮影手法という観点から、それぞれを順に確認してみよう。

　第一のものは「カジュアル写真」と呼ばれ、人物や食べ物などの日常生活の一断片を何気なく切り取ったものを指す。コンパクトな撮影機で咄嗟に撮影したためか、被写体が画面から見切れるなど、構図の設定に特段の注意は払われていない。事後的な加工がともなうことはあるものの、コントラストやトーン、焦点が念入りに調整されることは稀であり、要するに「上手い」とは言えない写真が多い。それでもこれらのカジュアル写真は、身の回りの人物や事物を進んで撮影しようとする私たちの欲望を前面化した結果であるといえよう。

　これと比して第二の「プロフェッショナル写真」とは、構図や視点、焦点や照明などが念入りに設定された写真のことを指す。その基準となるのは従来のアート作品や広告写真など、インスタグラムの登場以前から確立されていたものが多い。たとえば、構図は左右対称かグリッド状に分割し、明るく照らした被写体に焦点を合わせる、また、光の当たり具合を調整してハイライトを強調するなど、これらの手法によって、見る者の視線を一定方向に誘導することもできる。この場合には人物と並んで、風景や建物などの屋外の自然が被写体となることが多い。

　そして最後に「デザイン写真」とは、定型化されたスタイルをもつ写真のことである。具体的には、フレームに対して被写体を注意深く配置し、クロースアップでわざと断片化するか非対称に並べるといった構図が採用される。平台の上に食べ物や事物を並べて真上から撮影するような、「フラットレイ」と呼ばれる手法がその代表的な事例である。色彩は明度の高い白色系に統一され、複雑な曲線よりも直線的な配置によって奥行きよりも平面的な広がりが強調される。その被写体となるのは、わざわざインスタグラムで公開するために用意された状況であり、つまりは「デザインされた環境」と呼ぶことができる。

　以上三つの線引きは実際には必ずしも明確ではなく、それぞれに重なりあう事例も少なくない。マノヴィッチはそのことを認めつつも、ここまでの分類からインスタグラムに固有の新しい美意識が登場していると指摘する。それ以上に重要なのは「上手い」かどうかという価値判断ではなく、ここでもスマートフォンという撮影装置が私たちの撮影行為を介して、写真の形式や内容にまで強く影響を及ぼしているという事実なのである。

ワーク 2

　自分の SNS アカウントないし特定のウェブサイトから写真を選び出し、マノヴィッチが指摘する三つのカテゴリーに即して分類してみよう。その根拠として、被写体の種類（事物、自然、デザインされた環境）をはじめ、構図やアングル、フィルターや加工の効果などを挙げつつ、それがどのようにして撮影されたのかを、グループ内で互いに再現してみよう。

3　写真の受容をめぐる変化

　ここまでスマートフォンという端末と連動した写真の撮影行為を中心としてきたが、以下では現在の写真の受容という側面から、それが私たちに及ぼす具体的な影響を知覚・行為・行動の三つのレベルから検討してみよう。

知覚レベルでの受容

　まずは「知覚」のレベルとして、写真を見るときに私たちの視覚に対する影響を考えることができる。たとえば、インスタグラムで利用されるフィルター機能のように、スマートフォン以降の写真は、修整や加工などのポストプロダクション（レタッチ）が実に容易に操作できるように設計されている。写真に写し出された光景を特定の色調に変更し、被写体となる人物の顔や容姿をパーツごとに大きく変更するなど、焦点や照明が適切でない先のカジュアル写真の場合にも、もはや修整が施されていない方が珍しいかもしれない。これらの機能は、私たち見る者の知覚へと直接的に働きかけることによって、ときに被写体の印象を大きく変えることにもつながる。

セルフィがナルシシズムとみなされるのも、こうした理由によるところが大きいのだろう。

　しかしながら、ここでも写真史を振り返るなら、19 世紀にもすでに肖像写真に修整が施されることは少なくなかった。そもそも前述のダゲレオタイプの発表以降、写真はさまざまな技術改良を繰り返してきた歴史をもち、それとあわせて画質や色合いは大きく異なっていたのである。現在のフィルター機能の多くは、それら過去の写真の色調をモデルとしていることが多く、当初はインスタグラムもレトロ調の写真を作成するアプリとして公開された。

　言い換えると、写真は歴史上、もろもろの偏差を帯びていたのであり、それが現在のポストプロダクション機能によって目に見えるかたちで表面化しているのだ。そして、私たちが現在の修整写真に強く反応してしまうとするなら、それはそもそも二次元平面の物理的な画像でしかない写真を現実の知覚と同等のものとみなしてきた、従来の強い信念の裏返しにすぎないのである。

　　行為レベルでの受容　｜　つづいて「行為」のレベルに目を移そう。ここに浮かび上がるのは、画面上の写真に反応して、それを操作しようとする私たちの身体との結びつきである。たとえば、編集や加工を施すためにタップして写真を選択し、スワイプして次々と送り、ピンチして拡大してみるなど、スマートフォン上の写真は指先で直接的に操作することができる。以前のフィルム写真であればその表面を触ることがタブーとされていたのだが、画面上に表示される現在の写真は、私たちがそれに積極的に「触れる」ように誘導しているかのようである。

　ただし、ここでも注意すべきことに、写真は 19 世紀の時点から必ずしも視覚に特化したメディアではなかった。当時から大事な家族や恋人の写真を形見などと一緒に保管し、ペンダントなどの装身具や手帳に収めて折を見てそれに触れるなど、触覚的な特性を強く帯びていたのである（金 2019）。このように、それぞれの時代や土地ごとに日常生活のうちで感情的な負荷を強く帯びてきた写真は、**ヴァナキュラー**写真とも呼ばれる（バッチェンほか 2010）。

　それでもスマートフォン以降の写真が大きく異なるとすれば、それは接触（タッチ）を介してウェブ上のサービスへとアクセスするなど、写真が特定の機能を実行す

るためのインターフェイスとしての役割を果たしている点であるだろう。こうした行為は、ウェブ上の情報を深く考えないままにシェアしたり、コメントや「いいね」をつけたりするといった反応とも直結する。つまり、スマートフォン以降の写真は、私たちの視覚と触覚をますます短絡的に結びつけ、情動的な反応を惹起するようになっているとも考えられるのである。

行動レベルでの受容　　最後に「行動」のレベルとして、写真によって伝えられる情報が、私たちの生活におけるもろもろの活動へと及ぼす影響を考えてみよう。先にも述べたように、私たちがもっとも頻繁に撮影し、目にしているのがカジュアル写真である。それは写真の内容を後から見直すばかりか、家族や友人とのおしゃべりに利用するためでもある。もはや実際に会わずともメールやSNS上を飛び交う数々の写真が、人々の間に前述のような反射的な反応を促し、そのつどの「視覚的な会話」として機能している。また、実際に観光地を訪問したり、食事をしたりするときには、目にしたものを何よりも先に撮影することが優先され、ひるがえって「インスタ映え」の名のもとに、現実に存在する風景や料理の方が改変されるほどである。

　写真が行動に及ぼす影響は、これらのコミュニケーション活動に限られない。情報技術の進展とともに、ヒトやモノ、情報や資本がグローバルに流動化している現在の社会状況は「モビリティーズ」とも呼ばれるが（アーリ 2015）、そうした環境のうちでも個々の写真が重要な機能を果たしている。

　たとえば、前節で見たデザイン写真は、SNS上に紛れ込んだ広告写真として機能し、私たちはそうした写真の印象をもとに実物も確認しないまま商品を購入する。観光地や飲食店を実際に訪れるには、地図アプリやウェブサイト上の写真を頼りとすることがほとんどである（第12章参照）。これらの経済活動に加えて、テーマパークへの入場、空港の入管、スマートフォンのセキュリティなどに利用される顔認証技術は、事前に撮影した写真によって人々が特定の場所やサービスなどにアクセスすることを許可している。こうした事例が示すように、ネットワーク上の写真は、私たちの行動を規定する強力な要因として作用しているのである。

ワーク3

　ここまでの議論をもとに、知覚、行為、行動のそれぞれに分けて、自分たちが写真に誘導されるような事例を書き出してみよう。また、そうした写真が、オンラインとオフラインをどのように接続しているか説明してみよう。

4　写真によるナビゲーション

　本章ではスマートフォンをはじめとする情報端末と緊密に結びついた写真を、撮影と受容という二つの側面から、写真史上の実践と比較しつつ検討してきた。セルフィをめぐる冒頭の議論に立ち返れば、そこに生じる賛否両論は、いずれも写真のことを私たちが操作するツールとみなす理解に基づくものであった。スマートフォンの登場以降、オンライン上で友人や恋人の様子を確認しては「いいね」などの反応に一喜一憂することが日常となった現在、そうしたコミュニケーションのためには自分の写真を躊躇せず公開するようになったというのが実情なのかもしれない。

　だが、そうしたセルフィも実際には、しばしばインスタグラマーや有名人のアカウントなど、私たちが以前にどこかで見たものを模倣したものであることが少なくない。こうして無意識のうちに記憶が呼び起こされるのと並んで、写真をあらためて見返すときには専用のソフトウェアによる「メモリー」機能が、自動的に私たちの（？）記憶を編集するほどである。こうして自動化を進める写真は、私たちの手を離れたところでデータとして流通し、ユーザーの意図や狙いを超えたところで知覚や行動へと直接的に作用しているのである。

　本章では、現在の写真のあり方を単純な賛否両論にとどまらず、その歴史や内容、そして私たちの身体との関係から分析してきた。スマートフォン以降の写真は、ユーザーにとっての感性的なレベルから社会や経済といったレベルを横断しつつ、オンライン・オフラインを問わずにナビゲーションとしての機能を果たしている。そのような写真のことを単なるツールではなく現在のメディア環境を構成する要素としてとらえなおすこと、そして、それが私たちをどこへ向かわせているのかを考えることはますます重要となるだろう。

写真史

　19 世紀初頭に登場した写真の歴史を、現在に至るまでさまざまな角度から分析する学問分
野。著名な写真家や芸術運動を中心とする美術史的なものから、テクノロジーとしての展開を
追う技術史、または、無名の大衆文化として展開する写真実践を検討する文化史的なアプロー
チなどがある。

ヴァナキュラー

　「土着」や「世俗」といった意味をもつ形容詞として、言語における方言のように、それぞ
れの土地や時代に固有の価値や技法があることを指す。なかでもヴァナキュラー写真とは、美
術作品のように高級な価値をもたずとも、特定の時代や民族、コミュニケーションのうちで独
自の慣習や価値、情動を生みだしてきた写真のことを指す。

モビリティーズ

　ヒトやモノ、資本や知が情報としてグローバルに流通するようになった 1990 年代以降の社
会状況を指す概念。社会学者の J. アーリを中心に、2000 年頃から提唱される。同時期から網
目状に広がったインターネットの展開と不可分の関係にあるが、観光や移動を頻繁に繰り返す
人々の流れも等価な存在として含まれる。

**島原学『写真のなかの「わたし」──ポートレイトの歴史を読む』ちくまプリマー新書、
2016 年**

　セルフポートレートから広告、報道、アート写真まで、写真に撮影された「私」の歴史を身
近な事例のうちに探った著作。写真のなかの私が、いつの時代も実際とは異なるかたちで流
通・消費されてきたことが明快に指摘されている。

**マノヴィッチ、L. 著／久保田晃弘・きりとりめでる編訳『インスタグラムと現代視覚文化
論──レフ・マノヴィッチのカルチュラル・アナリティクスをめぐって』ビー・エヌ・
エヌ新社、2018 年**

　本章で紹介したマノヴィッチによる翻訳論文を軸に、異なる分野に属する 9 名の論考をまと
めた論集。自撮りについて論じた筆者（増田）の論考だけでなく、デジタル写真の流通、編集、
受容、さらにはデータ分析の未来まで、多角的な視野から写真が論じられる。

**フルッサー、V.『写真の哲学のために──テクノロジーとヴィジュアルカルチャー』深川
雅文訳、勁草書房、1999 年**

　原著は 1983 年発行と決して新しくないが、黎明期のコンピュータやプログラミングを多分
に意識したコミュニケーション論の哲学者が、写真を中心に据えて検討した著書。やや難解で
はあるが、現在の写真に照らしてみても、驚くほど予見的な議論が繰り広げられている。

第 **4** 章

美容整形は個人的なことか？
——身体の社会学、言説、テキストマイニング

谷本奈穂

1 身体と社会

美容整形への
思い込みと検証　日常生活での思い込みは、当たることもあれば外れることもある。想像することは大事なことだが、実際のところどうなのかを確かめることが研究には欠かせない。

　たとえば美容整形。美容整形は流行っている、と思う人は多いのではないだろうか。2018 年に日本美容外科学会（JSAPS）がもう一つの日本美容外科学会（JSAS）など他の学会と協力して、美容整形の施術数を調査した（日本には二つの美容外科学会が存在する）。これによると、3656 院のうち 14.3 ％の 521 院から回答があり、190 万 3898 件の施術が確認された（谷本 2019；JSAPS 調査委員会 2019）。回答した病院だけで 1 年間に 200 万近くの美容整形が行われており、どうやら「流行っている」のは確からしい。

　さらに問いを進めてみよう。なぜ人は美容整形をするのか。「劣等感があるから」「モテたいから」と思っている人も多いのではないだろうか。しかし、筆者の調査では、「自己満足のため」という理由が主流になっている（谷本 2008）。さらに、女性は競争意識から美容整形を行うだけではなく、同性との親密なコミュニケーションを通して美容整形へと後押しされることも調査からわかった（谷本 2018）。いずれも「劣等感」や「モテ」とは違う理由が見出されたのである。あなたなら、どんな思い込みを検証したいと思うだろうか。それを調べることで、どんな知見を得ることができるだろうか。

身体意識と
社会のかかわり

ところで、「自己満足のため」に美容整形をするので
あれば、少なくとも、美容整形を行う理由については個人的なことのように思えるかもしれない。しかしこのことは、社会の影響がないことを意味するわけではない。

たとえば、アンチエイジングなど老化に対する社会的な意識変化が、個人の考え方に影響を及ぼしている可能性はないだろうか。また、美容整形に関心をもったとき、人々はどのように情報を集めるのだろうか。その情報を伝えるメディアにはどういった特徴が表れるだろうか。本章では、メディアにおける美容整形情報を量的かつ質的に調査・分析することで、身体意識のあり方と社会のかかわりを明らかにしよう。このような身体意識と社会の関係を考えるのは**身体の社会学**という領域である。

なお、「美容整形」は俗称であり、厚生労働省が定めた診療科名称（標榜科目）は、「美容外科」「美容皮膚科」などである。美容整形を「整形」と略して使用することもあるが、整形外科、形成外科、美容外科はそれぞれ別のものであり、本章ではメスを使うものを「美容外科手術」、使わないものを「美容医療」、双方にまたがる場合「美容整形」と表現することにしたい。

ワーク1

本文で挙げたもののほかに美容整形をめぐる疑問点を2つ挙げ、疑問文のかたちで書き出してみよう。また、書き出した問いについて、それぞれ何をどのように調べれば疑問に答えられるか考えてみよう。

2　雑誌言説を調べる

量的な変化

特定の時代ごとのメディア情報を**言説**と言い換えて量的・質的変化を調べよう。ここでは雑誌記事に注目し、「美容整形」、古い名称である「整容」、近年の名称である「美容医療」「プチ整形」、標榜科目の「美容外科」「美容皮膚科」という語句が含まれる雑誌記事を抽出した（大宅壮一文庫の雑誌記事検索を利用）。全部で1058件あり、単年度

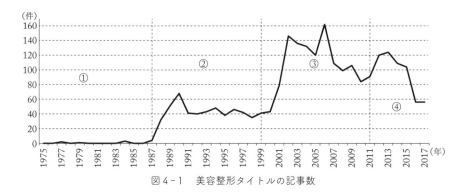

図4-1　美容整形タイトルの記事数

の件数に分けてグラフ化した（図4-1）。

　さて、グラフから記事数がだいたい増加傾向にあること、かつ4つの時期に分かれていることが見てとれる。4つの時期は、①件数の少ない1987年頃までで、②急増するバブル景気と呼ばれる好景気の1980年代後半からしばらく横ばいが続く90年代終わりまで、③さらに急増する2000年代、④やや減少傾向の2010年代である。

質的な変化
（1990年代まで）

　さらに内容的な変化を確認するため、1058件をすべて発行年月日、雑誌名、記事タイトル、内容、作者に分けてリストにし、全体を概観した（表4-1）。

　①の1980年代中頃までは、数が少ないうえに、内容も批判的な記事くらいしか見当たらない。この時期までは美容整形に対する社会的まなざしは厳しいものであったと考えられる。

表4-1　記事の内容（一部のみ例として提示）

刊行年月日	雑誌	タイトル	内容
1987. 3.24	女性自身	美しい二重瞼の大研究実例85	二重まぶたのカタログ
1987.10.10	微笑	ドクター伊藤の和風整形全公開	宣伝記事
1987.11.28	微笑	あこがれのふっくら美人にあなたもなれる！いま話題の「脂肪移植」とは？	宣伝記事
1987.12.12	微笑	女の体験「愛の記念日は"二重まぶた"から訪れた」	体験記，宣伝記事

②の 1980 年代後半、バブル時代からは記事が急増する。この時期、日本は好景気に入り、いわゆる「消費文化」が花開いていく。内容には、美容クリニックの医者が登場する誌面（宣伝記事ともよばれる）が増えてくる。またショッピング感覚の記事も散見される。

たとえば、「美しい二重瞼の大研究実例 85」（『女性自身』1987 年 3 月 24 日）ではさまざまな種類の二重まぶたを商品のごとく陳列し、「美容外科手術成功の秘訣はよい医者選びから」（『微笑』1988 年 2 月 27 日）ではあたかもお店のように医者を並べ、「母もススメる女子高生の学割整形」（『週刊読売』1995 年 6 月 11 日）では美容外科手術の一覧表をつけている。さらに、手軽さを強調する記事も増える。「次の日からアイメークが楽しくなります！　「クイック二重」なら手術の手間はたったの 5 分」（『女性自身』1989 年 12 月 19 日）、「わずか 5 分であこがれの二重まぶたに！　出血しない、腫れもほとんどない」（『主婦と生活』1990 年 1 月）などだ。

つまり、身体（のパーツ）が購入できるものとして提示されている。社会において身体が交換可能なものとして「商品化」あるいは「モノ化」していったことが推察できる。

質的な変化（2000 年代）

③の 2000 年代から記事はさらに急増する。内容的には、すでに花開いていた「消費文化」の側面にプラスして、「アンチエイジング」の側面が目立つようになる。その要因の一つには、それまで若い女性向けに発刊されてきたファッション雑誌が、2000 年代に入ると中年女性向けに相次いで刊行されたことが挙げられる。40 代向けには『STORY』（光文社）、『Precious』（小学館）、『Marisol』（集英社）、『GLOW』（宝島社）、50 代向けには『エクラ』（集英社）、『クロワッサンプレミアム』（マガジンハウス）、『HERS』（光文社）が創刊された。

二つ目の要因として老化認識の変化も挙げられる。筆者は上記のデータとは別に、2008 年の『STORY』および『エクラ』と 1955〜1958 年の『婦人倶楽部』の美容記事をデータ化し、**テキストマイニング**という分析を行ったことがある（谷本 2018）。

分析の結果、かつてと比較して 2000 年代の記事では、老化を「自然現象」

ではなく「病気」とみなすこと、ゆえに老化は「治療」できると認識されていることがわかった。たとえば「ボトックスはシワを消すというより、作らないようにするという発想から生まれた治療法。何回かボトックス注射を続けているうちに、シワを作る癖がなくなったり、すでにできているシワも軽減されてきます」（『STORY』2008 年 4 月号）などの記事だ。中年女性向けファッション誌の相次ぐ創刊、老化認識の変化によって、アンチエイジングと結びつくかたちで美容整形記事が増えたと考えうる。

　さらに、中年向けファッション誌の創刊、および老化認識の変化は、次の二つから引き起こされたと思われる。一つには 80 年代後半（バブル時代）に若者だった女性たちが、40 代、50 代に差しかかったこと。同じ期間に生まれた集団（コーホートと呼ぶ）は似た特徴をもつことが知られているが、この世代の女性は消費文化になじみがあり、自分の身体をある種商品のようにまなざすことにも慣れている。もう一つは医療機器が発展したこと。この時期にレーザーが海外から多く輸入され、メスを使わない美容医療（プチ整形）が広がったため、雑誌記事も増加した。

　2000 年代の言説の基底には、コーホートの影響および医療機器の発展という要因があるといえよう。ただし④の 2010 年代はやや減少している。これについては次節で詳しくみていく。

　さて、雑誌の美容整形言説からだけでも、当該社会との関連が見てとれるだろう。以前は批判的なまなざしが向けられていた美容整形は、80 年代後半に記事が増加し（注目されるようになり）、内容的にも消費を思わせるものへと変化した。いわば身体の「商品化」「モノ化」が進んだともいえる。加えて 2000 年代、数はますます増え、アンチエイジングの流行もみられた。新たな雑誌ジャンルの登場や美容医療機器の発展に後押しされながら、身体の「商品化」が中年層にまで及ぶようになったと考えられる。

3　ウェブ言説を調べる

ウェブ言説への注目　④の時期、2010 年代に雑誌の記事件数がやや減ってきた。だからといって、美容整形が廃れてきたわけ

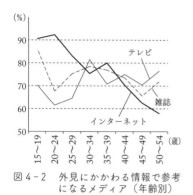

（%）

図 4 - 2　外見にかかわる情報で参考
になるメディア（年齢別）

ではないと思われる。手軽にインターネットへアクセスできるスマートフォンがこの時期に著しく普及したことを考えれば、むしろメディア側の変化を予想すべきであろう。確かめるために筆者はウェブ調査を行い、15〜54歳の女性を対象とし5歳階級別の8セルに分け516名からの回答をえた（2018年12月実施）。無作為抽出ではなくサンプル数も少ないので、あくまで参考として考えてほしい。

　「ご自身の外見を整える（ファッション、髪型、化粧、整形など）際に、どの情報源・誰の意見が参考になりますか」の複数回答を求めたところ、「誰の意見」については同性の友人の割合が高かった（これは筆者による以前の調査研究（谷本2018）と同じ傾向である）。しかし、実は、人の意見よりもメディア情報の方が参考にされていることもわかったのである。もっとも参考にされている同性の友人が70.0％であるのに対し、テレビ71.3％、雑誌74.4％、インターネット76.5％であったのだ。

　加えて、メディアの影響を年齢別で確認した。すると、テレビや雑誌は年齢による差が少ないが、ウェブ情報は明らかに若い人ほど参考にしており（図4-2）、10代と20代に影響力が高いとわかったのである。

　さらに「インターネットにおける美容整形の情報にアクセスしたことがありますか」という直接的な質問も行っている。女性全体で31.4％が「ある」と答えているなか、特に若い年齢層の割合は圧倒的で、20〜24歳では50.8％、25〜29歳では46.2％とほぼ半数にのぼったのである。いずれのデータも、若い人は美容整形の情報をウェブから得ていることを示し、2010年代はインターネットが重要な情報源として活用されてきたことをうかがわせる。

ウェブ言説の
中身をみる

　では、ウェブ情報のなかの整形言説にはどのような特徴があるだろうか。ウェブ情報のなかでも、2010年代に顕著な伸びを示しているのはSNSである。インスタグラムやYouTube

も重要だが、本章では上記調査で若い層に利用者が多かったツイッター（現X）を取り上げてみたい。近年、ツイッター上で「美容垢」「整形垢」と称して、美容に関することや整形に関することを専門に書き込むアカウントがある。そこで、ツイート（ポスト）のうち「#整形垢」のついたものに注目する。

　ツイートを収集するのに、グーグルやヤフーといった検索サイトを利用する方法もあるが、その一つひとつを検討するのは限界があるうえ、取捨選択が主観的になってしまう欠点がある。したがって本論では、コンピュータプログラムを作成し、ツイートの内容を収集することにした（2019年1月29日に実行）。収集したデータをアカウント名、いいね（お気に入り）の数、リプライの数、リツイート（リポスト）の数、内容、年月日で整理しリスト化したところ、これまでに3809件のデータが存在することがわかった（表4-2）。

　本章では「いいね」が多いツイートを「支持されている」とみなし、その数が二桁以上のものを抽出して内容を検討することにした。二桁以上のツイート

表4-2　収集したツイッター情報3809件の内の一部（内容をリライトして例示）

アカウント名	反応数	内容	年月日
A（個人）	リプライ 0 リツイート 0 いいね 1	#美容垢 #整形垢 #愚痴垢 を罵倒するアカウントです。男, 金, セックス, おいしいもの, 人にほめられるのが好き。より自由に, より綺麗になるために。	2016年 ●月●日
B（個人）	リプライ 0 リツイート 2 いいね 38	これまでで150万以上投資 未だ不細工。劣等感の塊です。過食嘔吐の障害6年目, 乗りこえたい #美容整形 #整形垢	2016年 ●月●日
C（美容整形外科）	リプライ 0 リツイート 2 いいね 3	〈切らないリフトアップの治療例〉 コグリフトシェイプ／施術から1か月 ダウンタイム／はれが少ない簡な糸治療ですが, しっかりリフトアップされます #たるみ #コグリフト #Cクリニック #整形垢	2017年 ●月●日
D（業者）	リプライ 0 リツイート 0 いいね 0	海外コスメ, サプリなど購入可能。新規購入500円 OFF。 #コスメ垢 #ダイエット垢 #整形垢	2017年 ●月●日
E（個人）	リプライ 0 リツイート 0 いいね 1	#切らない鼻中隔延長したことのある人いますか？ #整形 #整形垢 #鼻整形	2017年 ●月●日

注1）python（プログラミング言語の一種）のライブラリ twitterscraper を用いた。その際, 竹中要一氏の助言を受けた。
　2）ツイッターのIDを特定できないように, 内容欄は典型的な表現に書き換え, 特徴がわかるようにした。

表4-3 「いいね」の多いツ
イートの頻出語句

1位	つながる	72回
2位	韓国	58回
3位	美容	56回
4位	脂肪	45回
5位	ダイエット	42回
6位	脂肪吸引	30回
7位	くださる	25回
8位	切開	24回
9位	埋没	23回
10位	顔	21回

は98個である。なお表4-2を見れば、個人に
よる書き込みだけではなく、クリニックや業者に
よる書き込みが混在しているとわかるが、ここで
は支持数を問題にするため分析から排除しない。

　次に、98ツイートから、名詞、動詞、形容詞
を分けて抽出し、語句の出現数を数え、「整形」
など当然入ってくる語句は削除してリストにした
（表4-3）。

　「いいね」の多いツイートでもっとも多い語句
は「つながる」であり、美容整形を経験した人や
関心のある人とSNS上でつながりたいという内容であった。筆者が実際の人
間関係で見出した「コミュニケーションを通して美容整形を行う」という知見
（谷本2018）とも一致している。雑誌記事ではこの「つながり」はほとんど登
場しない。他者とつながる道具＝「媒体」（まさにもともとの意味での「メディア」）
として身体を使っているところが2010年代の特徴といえる。

　次に多い語句は「韓国」で、「韓国で整形するので一緒に行きませんか」と
いう呼びかけや、韓国での整形体験をレポートするものがあった。実際に近年
では、多くの韓国のクリニックが日本語の通訳を雇ったり日本語ウェブページ
を充実させたりして、日本女性がそれらを利用している（筆者による未発表の
フィールド調査より）。

　インターネットの発達やスマートフォンを介したSNSの普及が、「美容整形
に関心あるものどうしでの情報交換・交流」、および「従来なら行いづらかっ
た海外での整形」を促進したといえるだろう。

ワーク2

　本文で紹介した2018年の筆者の調査では、美容整形情報でもっとも参照
されていたのがインスタグラムであった。インスタグラムでは他にも美容や
ファッションに関する情報がたくさん載せられている。ファッションに関す
る疑問を挙げ、インスタグラムの特徴を使っていかにして分析できるかを考
えてみよう。

4 身体のモノ化・メディア化

　本章は、身体意識のあり方と社会のかかわりを明らかにしようとしてきた。雑誌・ウェブにおける美容整形言説の調査をもとに、1980年代後半から身体がショッピングできる商品のように認識されてきたこと、2000年代以降は、同じ傾向が、医療機器の発展と老化意識の変化に支えられて、中年層まで進んできたことを発見した。この分析から、美容整形が、経済状況やエイジング概念や医療技術などと連動していると推察できる。

　さらに、2010年代ではインターネットの発達やスマホを介したSNSの普及とともに、関心のある者同士のつながりと、韓国での施術が促進されていることがわかった。この分析からは、美容整形への意識がメディアの変化とも連動していることがうかがえよう。

　こうして言説をみていくことで、美容整形が「個人の動機」だけではなく、経済や医療、メディアといった「社会の変化」と連動していることがわかる。そして、美容整形の意味づけの変化は、身体意識の変化を指し示している。身体は、80年代から「モノ」と化し、2000年代からは「モノ化」がさらに拡大し、2010年代からは人と人を媒介する道具という（もともとの）意味で「メディア化」してきたととらえることができる。つまりは、美容整形言説を分析することで、身体が購入可能な「モノ」となり、モノしての性格を徹底的に先鋭化させていった結果、他者とつながる「メディア」にもなるという、ある種のアイロニー（皮肉）が発見できるのである。

ワーク3

　現代の日本では、美容整形に関して賛否両論がある。あえて賛成と反対の立場に分かれて、ディスカッションしてみよう。その際には自分が賛成／反対する客観的な根拠を必ず明示するようにしよう。

キーワード

身体の社会学

1980 年代以降、特に注目を集めるようになった社会学の一分野。身体が「社会的につくられる」という側面と、身体が「社会をつくる」という側面の両面から多くの研究がなされてきた。本章では、身体意識と社会との関係に焦点をあてて、美容整形の意味づけの変化を考え、身体の「モノ化」および「メディア化」について論じている。

言説

フランス語の discours（ディスクール）の訳語で、単なる言葉という意味ではなく、「それ自体が力をもち、規則にしたがい独自の秩序を形成する」歴史的な言語表現・言語活動（近森 2014）。また、制度や権力と結びついて、現実社会を映し、逆に現実社会をつくりだす作用をもつため、当該時代のメンタリティが埋め込まれている言語表現・活動と考えられる（序章参照）。

テキストマイニング

近年、普及している「データマイニング」とは、さまざまなデータから統計学などの技法を適用し、知識を取り出す技術のことを指す。そのうち、特に対象をテキスト（文章）にするものをテキストマイニングと呼んでいる。文章データを単語や文節で区切り、頻出語句を数えたり、語句どうしの関連を探ったり、時系列を明らかにしたりして分析することを指している。

ブックガイド

中村うさぎ『美人になりたい──うさぎ的整形日記』小学館、2003 年

作家である中村うさぎが整形を受けた体験記と、作者と他の専門家との対談からなる書籍である。体験者としての心の動き、専門家たちとの対談を読んでいくうちに、「女性とは」「容貌とは」「自己とは」について考えさせられる。

西山哲郎・谷本奈穂編『身体化するメディア／メディア化する身体』風塵社、2018 年

現代人にとって「身体とはなんであるか」を、メディアとの関連を軸に考察した本。第一部が身体とメディアにかかわる理論研究、第二部と第三部は事例研究となっている。第二部は「身体に介入するメディア」としてメディア分析を主体とした論考、第三部は「メディア化される身体」として身体を中心にした論考が配置されている。

ハイケン、E.『プラスチック・ビューティー──美容整形の文化史』野中邦子訳、平凡社、1999 年

整形の歴史的背景が書かれている本。第一次世界大戦と第二次世界大戦の間の時期、医療と心理学が結託して、劣等感という概念が利用されたという。劣等感は精神の問題なのに、その原因が身体にあるとして「劣等感を治すためには身体を変える必要がある」という論理にすりかわったことが説明される。

第Ⅱ部

《home》から
メディアを見る

第 **5** 章

CM のジェンダー表現はなぜ炎上しがち？
——広告、性役割規範、視聴者の多様な読み

村田玲子・田中東子

1 テレビ CM のジェンダー表現

相次ぐ炎上、
何が争点なのか

　ここ数年、テレビ CM をはじめ**広告**表現への批判が、SNS を発端に起きている。これらは「広告の炎上」と呼ばれるが、なかでもジェンダーに関する表現への注目は高く、2015 年前後からさまざまな事例が相次いでいる。

　たとえば、化粧品や商業ビルのテレビ CM で、女性の年齢や容姿に関する表現が年齢差別やセクハラ的とされたり、乳幼児用品のテレビ CM で、父親の存在が希薄で母親だけが育児をしているようなシーンが、育児は女性がするものという**性役割規範**を押し付けかねないとして問題視された。なぜこのような事態が起きたのだろうか。

　テレビ CM のジェンダー表現に対する批判は、1975 年に放送された食品メーカーが発端とされている。「私作る人、僕食べる人」という表現が、“料理＝女性” という性役割規範的な表現であるとして、市民団体がメーカーに抗議活動を行い放送中止となった (治部 2018：78-82)。

　批判の理由は今も変わっていないが、現在は当時とは異なる背景がある。視聴者がみずから多様な情報にアクセスし、発信できるようになったというメディア環境の変化と、社会における女性の地位変化の二つだ。本章では、テレビ CM を中心に、古くて新しい「広告のジェンダー表現の炎上」に焦点を当て、視聴者の受け止め方を分析しながら、現在の日本のジェンダー課題とこれからのメディアコミュニケーションのあり方を考えていこう。

テレビCMとは何か

　まず、テレビCMと私たちの生活とのかかわりを考えてみよう。みなさんはテレビCMの量がどの程度か知っているだろうか。

　株式会社ビデオリサーチの広告統計調査によると、関東地区における年間出稿量は約2700万秒前後（約150万本）に上る（ビデオリサーチ 2019）。

　広告はテレビCM以外にもウェブ広告、雑誌や新聞などの紙媒体広告、屋外広告など無数に存在している。接触量は個々のライフスタイルによるが、私たちはおびただしい数の広告に触れて生活していることに気づかされる。

　日常的にテレビCMなどの広告を通じて受け取るメッセージが、私たちの意識や価値観に与える影響は小さくない。メディアコミュニケーションのあり方を考える意義はこうしたところにあるといってよい。

　テレビCMの制作は、一般的には広告主のコミュニケーション部門と依頼された広告代理店が行う。テレビCMの表現は、視聴者の目に留まり、心を動かすため、インパクトや共感性などが重視される。表現については広告効果の面から検討され、並行して違法性や不適切な部分がないか審査される。

　審査は各企業が自社の基準や過去事例に基づいて行っていることが多い。基準の指針の一つに「日本民間放送連盟　放送基準」がある。内容をみると、広告の責任には「健全な社会生活や良い習慣を害するものであってはならない」（同基準13章91）とある。また、広告の表現には「不快な感じを与えないように注意する」（同15章120）、「不快な感情を与える表現は避ける」（同123）とある（日本民間放送連盟ウェブサイト）。

　ここには表現内容に関する具体的な記載はなく、あくまで原則が示されているにすぎない。このことからテレビCMは、一般的な社会通念や倫理に基づいて制作されるものだとわかる。冒頭に挙げた炎上事例も、同様の手続きを経て制作されたわけだが、結果的に視聴者の一部には受け入れられなかったということになる。このことは何を意味しているのだろうか。

ワーク1

　最近印象に残った広告を写真やスクリーンショットで保存し、内容をワークシートに箇条書きしよう。

2　受け止め方の違いを明らかにする

調査概要と素材　　ジェンダー表現の炎上理由を考えるため、本章では視聴者がCM上の表現をいかに受け止めているかという問いを立て、筆者らが2017年に行った調査の結果を分析してみよう。まず本節では、この意識調査のうち、主に女性の意見を中心に紹介する。

　調査はインターネット上でアンケートを行った定量調査と、グループインタビュー調査の2つの手法で段階的に行った。

　比較したテレビCMは以下の2つである。素材Aは、調理家電の30秒素材で男性（父親）と女性（母親）両方が家事の主体的行為者として描かれたテレビCM。1週間を通じた家族の食事風景の描写で、仕事から帰宅した父親が、家電を利用して子どもに手早く手料理を作る（時短調理）シーンからはじまる。別の曜日には母親も同様に描かれ、最後に家族全員が協力して料理を作り食事を楽しむシーンになっている。家事行為に関して、男女同等に描かれているジェンダー表現とみなした（脱性役割的表現）。

　素材Bは、掃除機の30秒素材で男性（夫）が家事の主体的行為者として描かれていないテレビCM。旅行から帰宅した妻と義理の母を留守番中掃除することなく過ごした夫が迎える。汚れた部屋を手際よく掃除する妻を夫が賞賛したり、夫が義理の母からたしなめられるようなシーンがユーモラスに描かれている。家事行為に関しては、男女同等に描かれていないジェンダー表現とみなした（性役割的表現）。

定量調査で明らかになったこと　　定量調査は、2017年10月、1都6県在住の20〜64歳の男女2495人を対象に、インターネット上で実施した「広告表現と企業・ブランド評価・購買行動に関する意識調査」で、主な調査項目は、〈テレビCM評価〉〈広告とブランド評価・購買との関係〉〈広告表現への感じ方〉などである（表5-1）。

　さっそく、結果をみていこう（図5-1）。素材Aと素材Bを対象者全体で比較すると、テレビCMの基本評価項目では、素材間に大きな差はみられない

表 5 - 1　定量調査の対象者（人）

	20〜29歳	30〜39歳	40〜49歳	50〜59歳	60〜64歳	合計
女性	246	501	510	250	132	1639
男性	120	253	280	134	69	856

注1）女性30〜40代の分析を目的とした調査のため，サンプル構成は年代で比重が異なる。
　2）男性のサンプル数は女性の半数程度で設定しており，実際の性年代別構成比を加味していない（性別による年代割付比は同一）。
　3）〈テレビ CM 評価〉は呈示素材を2つに分け，男女20〜64歳1685人，女性20〜64歳810人，の2群で実施した。

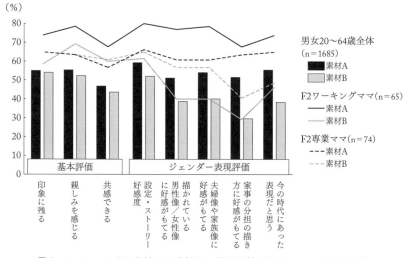

図 5 - 1　テレビ CM 素材 A と素材 B の評価比較（村田（2018a）をもとに作成）

が、ジェンダー表現評価項目では、素材 A が素材 B の評価を大きく上回っているのがわかる。つまり、この2素材は全体的な印象に違いはないが、ジェンダー表現は素材 A がより好ましく受け止められているといえる。

　次に、女性に注目し社会属性別の結果をみてみよう。現状、テレビ視聴者のターゲットは、1層（男女 20〜34 歳／男女別に「M1」「F1」と表記）、2層（35〜49歳／同「M2」「F2」）、3層（50歳以上／「M3」「F3」）といった性年代区分が一般的に用いられる。今回調査対象としたテレビ CM カテゴリーは、主婦が多く含まれる「女性 35〜49 歳（F2）」が主要なターゲット区分となるため、データはこの年代を対象に、子どもがいる有職者女性（以下、ワーキングママとする）、子

どもがいる無職女性（以下、専業ママとする）で属性を分けて比較した。

　これによると、ワーキングママは素材 A を高く評価しており、素材 B と比べて差が大きい。一方専業ママは「家事の分担の描き方に好感がもてる」と「今の時代にあった表現だと思う」を除けば、2 素材間で相対的に大きな差がみられない。

　ワーキングママと専業ママで「描かれている男性像／女性像に好感がもてる」を比べると、ワーキングママが共働き家庭設定の素材 A を明確に支持しているのに対して、専業ママは妻が掃除を担う姿が描かれている素材 B も素材 A と同様に支持している。この違いは、自身と同じ設定の登場人物を受け入れやすいことや、社会属性によって好まれるジェンダー表現が異なる結果として解釈することもできる。具体的にはどのような意見が語られたのか、グループインタビュー調査に視点を移そう。

グループインタビュー
で明らかになったこと　　グループインタビューは、2018 年 3 ～ 4 月、1 都 3 県在住の 35～44 歳男女計 129 人を対象に筆者らが実施した「広告表現と家事に関する意識・実態調査」で、主な調査項目は、〈家事表現のある CM における家事の描き方〉〈性別役割規範表現〉などである（表 5-2）。

表 5-2　グループインタビュー調査の対象者

女性35～44歳	パート・専業ママ（6 人）	ワーキングママ（6 人）	ワーキングシングル（6 人）
男性35～44歳	妻がパート・専業ママ（6 人）	妻がワーキングママ（5 人）	

注 1 ）子の性別・年齢，対象者の家事好意度や分担満足度が極力偏らないスクリーニングを行った。
　　2 ）実際の調査では大学生のグループにもインタビューしたが，本章では省略した。

　対象者グループのうち、「ワーキングママ」と「パート・専業ママ」の 2 グループの発言を以下にまとめた（村田 2018b）。

素材 A のグループインタビューで中心的な発言より

ワーキングママ 1

性別に関係なくスマートに家事をこなす姿がいい。自立した夫婦が描かれている。

ワーキングママ 2

主人が見て「あっ」と思ってくれたらいい。

パート・専業ママ 1

ちゃんと分担している感じがする。自分の家とは違うが、素直によいと思えた。温かそうな家族に見える。

パート・専業ママ 2

働いているママを推進しているところから、社会的には一番今受けると思う。素敵だなと思う反面、専業主婦を選んでいる私にはもやもやする。

素材 B のグループインタビューで中心的な発言より

ワーキングママ 3

旦那を置いて旅行に行っている。奥さん側も好きなことをしているから嫌いじゃない。たしかに「旦那がやれよ」と思うが、楽しそうにやっているから良い。

ワーキングママ 4

散らかした本人ではなく、帰宅した奥さんが掃除するのは嫌。結局女性がやるんだ。

パート・専業ママ 3

わが家も 1 週間留守にすると、夫が使ったコップがすごい。まったく！　と言いながらも掃除して綺麗になるのは共感する。

パート・専業ママ 4

旦那がダメな人。でもここまでダメだと笑える。

　素材 A のジェンダー表現は、両グループともにおおむね現代の理想的な家族像と受け止めていた。慌しい生活のなかでスマートに家事をこなす姿や、家族で楽しそうに家事をしているシーンは好ましく映っていた。

　一方で自身の生活に対しては、「遠い／価値観と異なる」と感じる人が多く、パート・専業ママの一部には批判的な意見もあった。背景には両グループともに夫の家事に期待できない事情があり、現実には素材 A のようなライフスタイルは難しいととらえられていることが感じられた。

　素材 B のジェンダー表現も、両グループともに仲の良い家族の日常として

好ましく伝わっていた。ワーキングママの一部から、主に妻だけが掃除をすることに批判的な意見が上がったものの、生活上よくある出来事として、妻が「いやな顔ひとつしないで楽しく家事をする姿」に好感が集まった。また「夫を置いて旅行に出かける妻」に対し「家事をせず留守番する夫」は「お互いに好きなことをしているから許される」とする人もいた。これらの意見からは、視聴者が素材Bのジェンダー表現を「家事行為」以外の人間関係を含めて評価していたことがわかる。

　つまり、ジェンダー表現の受け止め方は、表現全体の微妙なバランスのうえに成り立っており、視聴者は15秒ないし30秒という短い尺のなかでも複数の情報を読み解き、情報を総合したうえで、好き・嫌いや共感・反感の評価をしている。

　定量調査の結果と比較すると、グループインタビュー調査ではワーキングママが素材Aを、パート・専業ママが素材Bを積極的に支持しているといえるほどの意見はみられなかったものの、一部から批判が提示されることで社会属性による受け止め方に差異がある可能性を確認できた。インタビューのグループ数を増やせば、傾向をより明確にすることができそうだ。

　また、現状好ましいと思われるジェンダー表現には、行為の対称性以外にコミュニケーションを通じた人間関係がフラットであるかどうかが大きいことと、現状では素材Aのような「理想的表現」と素材Bのような「現実的表現」の2方向が存在していることがわかった。2素材とも好意的に受け入れる視聴者からは、「理想」と「現実」の間で揺れる両義的なジェンダー像が並存しているようであった。なぜこのような**視聴者（オーディエンス）の多様な読み**が生まれるのだろうか。問いを深めていこう。

3　視聴者の多様な読みはなぜ生まれるか

変化する女性の
生き方と意識

2010年代以降、日本では女性の生き方が大きく変化してきた。戦後に標準とされた専業主婦は減少し、結婚しなかったり、子どもを持たなかったり、結婚や出産を経ても仕事を続ける女性が増加してきた。

　一方で、人々の価値観の変化は緩やかである。内閣府の世論調査によると、たとえば「夫は外で働き、妻は家庭を守るべきである」という考えは、「賛成」35.0％、「反対」59.8％となっており、日本社会全体としては今なお旧来の価値観とせめぎあっているといえる（内閣府 2019）。

　こうした過渡期の社会のなかで、当事者の女性たちは時に自身の人生の選択に心許なさを感じたり、周囲が期待する役割と自分が果たす役割に心理的ギャップを抱えているかもしれない。定量調査でのジェンダー意識部分でも、女性たちからは「あからさまではないが性別による差別は根強い」や「女性だけに家事や育児、介護を求めるのはおかしいと思う」という意見、また「制度や設備などの充実だけでなく価値観を変える必要があると思う」といった社会に対する違和感や変化を望む声が多く聞かれた。

変わるテレビ CM の　ジェンダー表現

　ここでテレビ CM に戻り、ジェンダー表現に注目して内容を分析した結果を紹介しよう。株式会社ビデオリサーチの広告統計を使って、テレビ CM の調理シーンと掃除シーンにおける表現の時系列変化を分析するために、2008 年から 2017 年の 10 年間で、対象とするメーカーや商品カテゴリーを絞り、男女の主体的家事行為の有無に関する内容分析（⇨終章キーワード）を行った（表 5 - 3）。

　この結果、家事行為者の性別を時系列でみると、調理シーンでは、14 年と 15 年に男性が女性を逆転していた（図 5 - 2）。直近の 17 年は男性が急伸して 9 本と過去最高となり、10 年前と比べて男女が逆転していた。同様に掃除シーンでも、11 年以降男性の本数が増加している。総数では女性が多く、逆転こそしていないが、男女の差はこの 10 年で縮小しつつあることがわかった。

　日本では慣習的に女性が家事を担うことが多く、対象とした商品カテゴリーは従来からほぼ女性のみが商品ターゲットとされてきた。その実情は変わっていないとしても、テレビ CM のジェンダー表現が変化してきたことは、社会変化の兆しとして大きい。

　冒頭でテレビ CM の成り立ちに触れた通り、テレビ CM は広告効果を狙って制作される。表現に変化が生まれているのは、炎上リスクを避けるといった消極的な目的よりも、広告効果を高めるための戦略的な意図が考えられる。制

表 5 - 3　調査対象としたメーカーと商品カテゴリー

「調　理　系」		「掃　除　系」	
味の素	うまみ調味料	花王	洗濯用洗剤
ハウス食品	カレー	P&G ジャパン	食器用洗剤
Mizkan Holdings	サラダ油	小林製薬	漂白仕上剤・洗濯のり
味の素冷凍食品	スープ・シチュウ	ジョンソン	洗剤総合
キユーピー	塩・食卓塩	ライオン	防臭剤
ニチレイ	醬油	大日本除虫菊	消臭剤
エバラ食品	食品総合	レック	家屋用洗剤・ワックス
キッコーマン	酢	エステー	
ヤマサ醬油	他の食品	ユニチャーム	
J-オイルミルズ	他の調味料	アース製薬	
永谷園	濃縮調味料	シャボン玉本舗	
日清オイリオグループ	冷凍食品	ユニリーバ　ジャパン	
		パネス	
		染め Q テクノロジィ	
		レキットベンキーザージャパン	
		フマキラー	

注 1 ）関東地区世帯 GRP（延べ視聴率）で100GRP 以上の出稿があった15秒素材が対象。分析対象月に放送開始
　　　された新素材をカウント。
　 2 ）各素材の出稿量（GRP）は加味していないため，視聴者が視聴した量とは比例しないことに留意。
　 3 ）調理シーンでは，17年度の食品メーカー広告出稿量上位12社としたうえで，調理行為の表現が想定される商
　　　品種類として，（株）ビデオリサーチ広告統計分類における「調味料」と「他の食品／食品総合」に絞った
　　　（調理行為が描かれにくいと想定される商品種類を除外）。
　 4 ）掃除シーンでは，トイレタリー商品を対象とした（メーカーを絞らず）。
　 5 ）集計対象は，08年から17年の10年間としたうえで，「家屋用洗剤・ワックス」は12月，それ以外は 8 月とし
　　　た。なお分析対象月は，掃除シーンの対象分類では，「家屋用洗剤・ワックス」は年末の大掃除キャンペー
　　　ンのため明らかに12月がピークとなること，それ以外の分類カテゴリーは，全体として 8 月の出稿量が相対
　　　的に多い傾向が確認できたためである。
　 6 ）調理シーンの対象分類では，春と秋の新商品と連動した出稿傾向はあるものの各月で一定量の出稿があり
　　　ピーク月がつかみにくいため，トイレタリー商品の観測月と便宜的にそろえた。

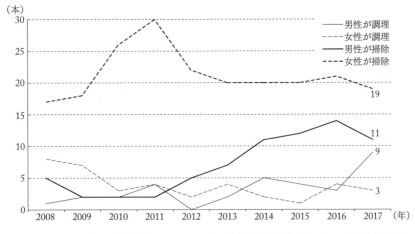

図 5 - 2　テレビ CM の家事行為シーンにおける男女別新素材数（村田（2018b）をもとに作成）

作者側は、生活者の意識変化をとらえ、従来と異なる表現を積極的に行っているといえる。

　女性と同様に男性もまた生き方が変化しつつある。多様な生活者に向けて、テレビCMのジェンダー表現が広がりをみせることは、さまざまな価値観を認めあう社会の一歩につながっていくのではないだろうか。先のグループインタビューでも、「男性が家事をするテレビCMが増えてきたと思う」との生活者側の実感も聞こえた。

　テレビCMは社会通念や倫理に基づき制作されることからスタートしたが、そもそも社会通念や倫理自体は一様ではなく、緩やかに変化しうるものである。視聴者もまたその受け止め方をめぐって揺れ動く。ジェンダー表現の炎上が続いた理由の核心をとらえたうえで、これからのメディアコミュニケーションのあり方に話を進めよう。

ワーク2

　数名ずつのグループに分かれて、【ワーク1】で集めた広告の記録を持ち寄り、それぞれの内容を通して気づいたことをまとめてみよう。その後、全体でグループごとに発見したポイントを報告しよう。

4　新しいジェンダー表現の取り組み

　ここまで日本のテレビCMとジェンダー表現の問題について調査結果をみてきた。最後に、海外での新しい潮流について説明し、今後の展望について考察してみたい。

　2015年には世界中の優れた広告を表彰するカンヌライオンズで、ジェンダー問題を重視し、性差別や偏見を打ち破る作品をたたえる賞が創設され、2017年にはイギリス広告基準協議会が「性のステレオタイプ」を避けるためのガイドラインを発表した。これらは、「男性」と「女性」の役割をあらかじめ決めつけ固定化する表現を避けることで、現実社会ですでに起きている男女の脱役割分業の変化に、広告イメージを対応させようとする動きである。

　企業による社会的大義の表明が求められるようになったアメリカ社会では、1990年代後半から女性のエンパワーメントに寄り添うような商品開発と広告が増えてきた（Abitbol & Sternadori 2016）。こうした広告は、性差別をなくし性役割からの解放を求める「Feminism」と、広告を示す「Advertising」を合成した新語「Femvertising（フェムバタイジング）」と呼ばれ、注目を集めている。アメリカのメディア研究者によると、商業広告を通じた女性のエンパワーメントを応援する表現活動は多くの女性たちから好意的に受け止められ、実際に売上を伸ばし、ブランド力を高めているそうだ（Davidson 2015）。

　たとえば、Dove のリアルビューティー・キャンペーンや、Always のライクアガール広告などは、社会的な抑圧から女性たちが解き放たれるイメージをわかりやすく映像化し、公開されるやいなや SNS を通じて女性たちの間に共感のつながりをつくり上げた。広告は商業目的として作られている以上、フェムバタイジング広告はフェミニズムの価値を商業利用しているにすぎないという批判の声もあるだろう。しかし、これらの広告（特に最近では PR 動画など）が、SNS を通じて友人や仲間の間でジェンダー表現に関する問題意識を共有し、広めるための資源として積極的に活用されている点に注目したい。

　長い間、メディアや広告の視聴者は、提供された作品を受容することしかできなかったが、SNS を通じた双方向コミュニケーションの時代になり、制作者側の価値観や認識と、視聴者側の価値や認識との「ズレ」が明示化されるようになりつつある。今日のメディアや広告の表現は、これまで以上に「共感」という受け手側からの応酬を必要としているのである。

　本章では、テレビ CM というきわめて日常的で身近なメディア文化を調査することを通して、今日の社会で生じている問題と変化について考察してきた。ここで学んだことに基づいて、ぜひさまざまな広告とジェンダー表現に注目し、調査や研究を行ってみてほしい。

ワーク3

　各自で（あるいはグループで）家庭用品を宣伝するポスターを実際に制作してみよう。制作したポスターを互いに発表しあう機会を設け、それぞれ気づいたことを話しあってみよう。

キーワード

広告

　広告（Advertising）とは、企業・非営利団体・個人などその形式は問わないけれども明示化された主体が、情報の伝達や宣伝活動を目的として、非人的で管理可能な広告媒体を介して商品やサービス、コンセプトやビジョンなどを伝達する行為のことである。

性役割規範

　性役割規範とは、さまざまな社会的・文化的慣習に埋め込まれた「男らしさ」や「女らしさ」のイメージ（ジェンダー）と、それらの社会や文化で生きる性化（ジェンダー化）された諸個人に、それらのイメージに沿って生きるよう求める諸力のことである。ただし、規範化された「性役割」はあくまでも社会的・文化的慣習のなかで構築されたものにすぎないため、諸個人の生き方に応じて時間とともに変容していくものである。

視聴者（オーディエンス）の多様な読み

　1970〜80 年代以降、イギリスの文化研究者やメディア研究者の間で論じられた「アクティブ・オーディエンス論（Active audience theory）」によると、メディア技術の発達やリテラシーの向上につれ、視聴者はそれぞれの社会的・文化的文脈や価値観・信念、受けてきた教育などに即して、メディアのメッセージを（送り手の意図に反して）ある程度、自由かつ多様に解釈しているとされる。インタビュー調査やエスノグラフィー調査に基づく、多くの研究が行われた。

ブックガイド

石川弘義・滝島英男編『広告からよむ女と男──ジェンダーとセクシュアリティ』雄山閣出版、2000 年

　戦後日本の広告を 50 年にわたって観察し、女性と男性の関係、性差別、セクシュアルな表現手法の変容について豊富な事例に基づいて分析している。本書での議論をたたき台として、2000 年以降の広告における女性と男性の表現について分析してみるのもよいかもしれない。

加藤秀一『はじめてのジェンダー論』有斐閣、2017 年

　人文社会科学のなかで頻繁に用いられるようになった「ジェンダー」という用語について、その分類の可能性と不可能性、メディアや統計、技術などマクロな視点、恋愛や暴力などミクロな日常の問題を踏まえつつ、コンパクトに論じ、解説してくれる。初心者に最適な入門書。

治部れんげ『炎上しない企業情報発信──ジェンダーはビジネスの新教養である』日本経済新聞出版社、2018 年

　2010 年代後半に目立つようになった、広告（特にウェブ広告）における女性表現をめぐる炎上の問題をきっかけに、メディアでのジェンダー表現のあり方について論じている。後半は、現実社会の女性の生き方の変化にあわせて進化しつづけるディズニー映画のプリンセス像を起点に、炎上しない女性の描き方を提案している。

第 **6** 章

障害者は「がんばる人」なのか？
―― テレビ表象、感動ポルノ、障害学

前田拓也

1 感動しちゃダメですか？

「かわいそう」から
「感動」へ

わたしたちは「がんばっている人」が好きだ。なんらかの「夢を追っている」となおよい。なかでも、「障害や難病に打ち克つ」人の物語は、"大好物"だと言ってよい。

　余命いくばくもない「花嫁」が、病に負けず恋人への想いをとげようとする姿。障害者が、健常者だってそうそうありえないレベルの登山や遠泳に「チャレンジ」する姿。そうして、なにかに「挑み」、ときにくじけそうになりながらも、最終的には障害や病を「克服」し、「打ち克つ」。あるいは、「負けてしまった（死んでしまった）」としても、その過程においては、障害や病に打ち克つべく「十分に努力した」のであって、「その意味では負けてはいない」……。

　こうした、ありがちで、ベタな、いわば「あるある」な感動ストーリーを、わたしたちが好むのはなぜか。そして、そのことがわたしたちからいったいなにを"見えなくしてしまっている"のか。これが、本章のテーマだ。

　障害者はけっして「かわいそう」な存在ではない。かれらに同情や憐憫のまなざしを向けることは、かえって「差別」なのだ。こうしたことは、現代のわたしたちにはむしろ、常識としてすでにインストールされているに違いない。その一方で、「かわいそうな障害者」に代わるイメージとして前景化してきているのは、「がんばっている障害者」像である。

　それは、パラリンピックという巨大なメディアイベント（序章参照）におい

ても例外ではない。一部の高度な運動能力をもつ障害者たちの競技するさまが、多様な身体のありかたに接する機会となること自体はよいことであろう。しかし、それをまなざす側がかれらに期待しているのは、やはり「障害者が努力する姿」かもしれない。

　もちろん、みんながみんな、こうしたベタな物語に「感動」しているわけでもないだろう。しかし、学校や家庭で、「障害者ががんばっている姿に感動しました／泣きました」と書いたり語ったりしておけば「正解／合格」が与えられてきたというのは事実なのではないだろうか。こうした、「正解としての感動」について、これから考えてみよう。

ワーク1

　テレビ番組やドラマ、映画を観て、最近なにに「感動」しただろうか。どのようなところで「泣けた」か、その理由とともに、書き出してみよう。

「メディアのせい」なのか？

　わたしたちは、障害者がなにかに打ち込み、がんばっている姿に、つい「感動」してしまう。そのことがもつ最大の問題点はなにか。それは、障害者に、実像とかけはなれたステレオタイプ（⇒第14章キーワード）を押し付けてしまいかねないことだ。では、ステレオタイプでない、「ありのままの姿の障害者」とはどのようなものか。これはこれでそう簡単に答えようがないかもしれない。しかし少なくとも、障害をもつ当事者の立場からすれば、自分たちの生きる姿にいちいち「感動」を期待されても困る、というのが本音のところだろう。

　では、なにがそうした状況をつくってしまうのか。まず、それはしばしば「メディアのせい」だとされる。たしかに、ドキュメンタリー映画や番組はしばしばわたしたちに、「無力な存在としての障害者」と「福祉実践のすばらしさ」といった、一定の「見かた」を促し、障害者をある定型的なカテゴリーに基づいて描き、そのイメージを狭く限定してしまうところがある（好井 1999）。また、「少女マンガ」というジャンルにおいては、障害者を主人公にして、とくに「恋愛／純愛」を軸にした感動物語が描かれてもきた（土屋 2010）。いず

れにせよ、これらのなかで描かれているのは、やはり障害者たちがさまざまな困難に果敢にも「チャレンジ」し、乗り越える姿である。

　しかし、これまでメディアがしばしば採用してきた障害者の描きかた／語りかた、その際に用いられる文法は、これまでもしばしば批判されてきたし、それを受けたメディア側の反省がなかったわけでもない。以下に少し紹介しよう。

2 メディアはどのように批判されてきたか

チャリティ番組と障害者

典型的には、いわゆる「チャリティ番組」への批判がある。まずは、障害者の**テレビ表象**の面からみていこう。

　1960 年代にアメリカではじまった「テレソン（telethon /"television" + "marathon"）」と呼ばれるチャリティ番組は、いまも世界中で制作されている。それらの多くは、障害者の社会参加や治療費のための募金を訴えるものではあるが、番組内での障害者の「描かれかた」や演出に対する批判は少なくない。とくに、チャリティにかかわる慈善家、政治家、セレブ、スポンサーといった立場の人びとと、障害者運動にたずさわる人びとと、つまり当事者とのあいだで見解の相違が現れることが多いという（Longmore 2015）。

　また、BBC（英国放送協会）は、「番組プロデューサーのガイドライン」として、障害者を「勇敢なヒーロー」や「哀れむべき犠牲者」といったステレオタイプとして描くことは、しばしば侮辱的なおこないであるので、制作者はそうした危険性について常に敏感であらねばならないとしている。さらに注目すべきことは、「他者の描きかた」に制作者のあいだで迷いが出た場合は、「障害当事者たちに自分自身をどのように表現するのかを聞いてみるのがよい」とされていることだ。つまり、一面的な「がんばっている障害者像」や「かわいそうな障害者像」がともに退けられているのみならず、一方的な表現になってしまわないかチェックするためにも、「障害当事者の意見」を求めることが重要であることが明確にされているのである（BBC 2000）。こうしたガイドラインには、それまでのメディアへの批判と、これを受けたメディア側の「反省」が反映されていることは間違いないだろう。

　これらに似た、「日本版テレソン」とでも言うべき、日本でもっとも有名な
チャリティ番組といえば、やはり『24時間テレビ——愛は地球を救う』（日本
テレビ）だろう。これまでに、この番組の内容を詳細に検討し、批判を加える
目立った研究があるわけではないが、テレビメディア自身が反省を込めて、こ
れを批判的に検討しようという動きはある（NHK 2016）。

　当事者のリアリティを置き去りにした、障害者の一面的なとらえかた、描き
かたが流布されてしまったのは、たしかに「メディアのせい」ではあったのだ
が、このようにみてみると、その問題性はけっしてスルーされてきたわけでは
ない。改善方法の提案も含め、一定程度議論されてきたことは事実である。

　では、発信する側だけに問題があったのだろうか。今度はメディアのメッ
セージを「受け取る側」から考えてみよう。

　　　　　　感動ポルノ　　　　　参考になるのが、障害者アクティビストでありコメ
ディアンでもあるS.ヤングによって提起された「**感
動ポルノ**（inspiration porn）」という概念である（Young 2014）。

　感動ポルノとは、障害者が「逆境を乗り越え」
「がんばっている」姿を描き、その受け手が「感
動」することを前提に制作された、映画、ドラマ、
マンガ、文学作品などのメディア文化的生産物の
ことであり、また、そのような生産物を介したコ
ミュニケーションを指す。もちろんこれを「ポル
ノ」と呼ぶのはあくまで比喩にすぎない。ヘテロ
男性を消費者として想定した（素朴な）ポルノに
おいて表象される、おもに女性を対象化した身体
のありようは、あくまでファンタジーにすぎない
し、しばしば実際の女性の姿とはかけ離れていた
りズレていたりするだろう。しかし同時に、だか
らこそ「安心して」消費できてしまえるともいえ
る。一方で、そうしたポルノに向けられるまなざ
しに、自身の姿を重ねあわされたり引き受けさせ

S.ヤングの講演

S.ヤング

られたりする側にとって、それはしばしばわずらわしいものであるはずだ。感動ポルノという概念においては、こうした「おもに男性から女性へ一方的に向けられる性的なまなざし」と、「おもに健常者から障害者へ一方的に期待される感動的ファンタジー」が重ねあわされているといえるだろう。

　障害者に、「不幸でかわいそう」だというイメージを押し付けることが差別的なおこないであることは、すでに一定の共通理解があるだろう。しかし一方で、けなげに、逆境を乗り越えるべくがんばる姿を期待することもまた差別的なおこないでありうるということは、ややわかりにくいところがあるかもしれない。「かわいそう」であれ「がんばっててえらい」であれ、このどちらにも共通していることは、障害者が社会的に「不利な」状況にいまだ置かれているということであり、そうした状況を（ときに本人の自助努力で）乗り越えることがよいことだとされていることである。そして結局、これらは、そもそも健常者中心の社会がつくりだした状況であるということである。障害者は、「健常者であれば乗り越える必要のない壁」を乗り越えなければならない。その壁はそもそも健常者がつくりだしたり、放置したりしてきたものであるのにもかかわらず、である。どういうことか。次節以降、社会学および**障害学**の議論を通して考えてみよう。

3　障害者への「期待」

　ここまでの議論を踏まえれば、「感動ポルノ」の問題点は、大きく2点あることになる。第1に、感動ポルノが、メディアを通して「あるべき障害者像」を流布し、強固にしている点である。第2に、障害者が、社会のつくりだした不利を「克服」すべく「努力」させられているという側面を「感動」が隠蔽してしまう点である。それぞれの点について考えてみよう。

社会がつくりだすものとしての「障害」　そもそも、「障害」とは社会がつくりだすものだ。この社会には、多様な身体をもつ人びとがいる。にもかかわらず、社会は特定の身体の存在を無視することで「うまく」成り立っている。学校、職場、建物や街のつくり、情報へのアクセスに加え、慣習、制

度、文化など、どれをとっても健常者を基準にできあがっているといってよい。そんな社会のありかたこそが障害者を不利な状況に追いやっているのである。

　障害者は身体の状態のためにいろんなことが「できない」（障害の個人モデル）のではなくて、社会のありかたによって「できなくさせられている」（障害の社会モデル）のだ。本章が、「障がい」ではなく「障害」という表記を採用しているのも、このことに関係している。つまり、障害者とは、「社会に障害（障壁）があることによってできなくさせられている者」のことである。障害という問題は、個人の身体から発しているのではなくて、社会が「障害（障壁）」をつくっているからこそ起こっている。だから、そうした「障害（障壁）」を取り除くのは、社会の責務なのである。

　にもかかわらず、メディアは、「壁」を乗り越え、打ち克とうとする障害者「個人」の努力を繰り返し賛美し、そうしたイメージを流布しつづけている。とすれば、そうした努力に「感動」することは、障害者が、社会のつくりだした不利を「克服」すべく「努力させられている」という側面を隠蔽してしまうことでもあるだろう。障害者は、「本来がんばらなくてもいいことでがんばらされている」ことも少なくないといえる。

ワーク2

(1)　そもそも「障害者」とはどんな人のことだろうか。あるいは、あなたはある人を、なにをもって「障害者」だと判断するだろうか。

(2)　障害者が乗り越えるべき「壁」とはどのようなものだろうか。以下の分類に沿って調べ、考えてみよう。

①社会における事物（通行、利用しにくい施設、設備など）

②制度（利用しにくい制度など）

③慣行（障害者の存在を意識していない慣習、文化など）

④観念（障害者への偏見など）

障害者の「役割」

　障害者に「かんばることが期待されてしまう」という状況について考える際に参考になるのが、「障害者

役割」という概念だ。障害者役割とは、ある社会関係のなかで、障害者が暗黙のうちに周囲からそのように振る舞うことを期待されている役割を指す。言い換えれば、社会のなかで暗黙につくりだされていく「障害者らしさ」のことである。では、ここで言う「らしさ」とはどのようなものか。

　それは、「愛やヒューマニズムを喚起し触発するようにふるまうこと」「愛らしく（lovable）あること」「障害を克服するために精一杯努力すること」である（石川 1992：118）。こうした、社会からの期待があり、それにこたえることが、常に障害者に求められているというのだ。

　当然、実際の障害者は、みんながみんな「純粋」で「愛すべきいいやつ」でもなければ、常になにかを「がんばってる」わけでもない。「イヤなやつ」もいれば、「ウザいやつ」もいる。健常者がそうであるのとおなじように、いろんな障害者がいて当然だ。にもかかわらず、わたしたちはしばしば、「障害を乗り越えるべく努力し挑戦しつづける障害者」であることを、かれらに「期待」してしまう。障害者は障害者で、こうした「期待にこたえよう」としてしまう。そして、それはときに障害者自身の自己理解をも傷つけてしまうだろう（星加 2011：246）。

　「そんなにつらいのなら、期待にこたえようとするのをやめてしまえばいいじゃないか」と思うかもしれない。しかし、問題は期待をしている側にあるはずだ。障害者が期待にこたえてしまうのは、そうすれば多数派である健常者中心の社会に受け容れられやすくなるからでもある。

ワーク3

　あなたが、「障害」を中心的なテーマにすえたテレビ番組や番組内コーナーを企画するとしたら、どのような企画や演出が可能だろうか。グループで企画書をまとめ、プレゼンしてみよう。また、それをうまくやりとげるには、どのような情報や知識を得ておく必要があるだろうか。

4 期待される感情

この社会で障害者が期待されている役割については、すでにみてきた通りだ。一方で、障害者にそうしたまなざしを向けている側、健常者を中心にした多数派の側にも期待されていることがある。それは、ある物語に接した際に、「感動」という「特定の感情／情動」をもつことである。より厳密に言えば、「自分は感動しているのだということを、行為によって他者に示す」ことが期待されているのである。

多くの人が、おもに学校教育のなかで、本を読んだり、映画を観たり、どこかへ出かけてなにかを見学したりするたびに、いちいち「感想文」を書き、提出することを求められるという経験をしてきているだろう。それらをうまく、無難にやりすごすのにもっとも便利かつ最強の単語は、やはり「感動」ではないだろうか。本や映画に接したら、本当はいろいろな感情や、まとまりきらない考えが渦巻くものではあるだろうが、とりあえず「感動しました」と表明しておけば、いちおうは他人にも「納得」はしてもらいやすい。しかし別の視点に立てば、自身の感情を説明するためのボキャブラリー（語彙）のバリエーションが、極端に制限されてしまっているともいえるだろう。

いずれにせよ、自分の感情についてどういう語り口を採用すれば他者に納得してもらえるかを、わたしたちは知らず知らず身につけているのである。「がんばっている姿に感動しました／泣きました」と書いたり語ったりしておけば「正解」が与えられる。このような、「特定の感情をもつこと」が期待されているという社会的な状況について、わたしたちはもっと懐疑的になってよい。

「でも、感動してしまうものはしかたないではないか」。「絶対に感動しちゃダメなんですか」。そう思うかもしれない。ここで重要なのは、「本当の気持ちのありかた」を問題にしているわけではないということだ。問題は、「感動している」という"表明"を、社会が求め、容認していることなのである。

わたしたちは、なんらかのカテゴリーを通して他者を理解しようとするし、

それ自体を避けることはできない。それぞれに「顔」のある、個々の障害者ではなくて、「障害者」というカテゴリーを通して他者を理解してしまう。同時に、「かわいそう」や「感動しました」といった「ベタな語彙」の外側で自身の感情を語ることもまた、そう容易なことではない。

　しかし、やれることはいくらでもある。障害者は実際に、メディアにどんなことを求めているのか。どのような障害者が描かれれば、当事者たちは「リアル」だと感じ、納得するのか。そして、メディアが多様な障害者像を提示するために必要なことはなにか。これらを理解するには、実際の障害者が現にどのように生き、暮らしているのかを、調べること（社会調査）が必要だろう。実際に障害者にインタビューしてみる、かれらの暮らしに近いところに身を置いてみる、といった実践を通して他者を理解する。そうした試みを通して、わたしたちはやっと「感動」の外側へ出ることができるのかもしれない。

キーワード

テレビ表象

　テレビ放送は、20世紀後半以降の社会や文化を考えるうえでもっとも重要なメディアである。情報や文化を画一化するものとして繰り返し批判されてきたが、一方的な情報の伝達手段ではなく、受け手との関係において文化がせめぎあう場、およびプロセスとしてテレビおよびテレビ表象をとらえる必要がある（「表象」については序章キーワードも参照）。

感動ポルノ

　ある特定の人びと（おもに障害者）に類型的なイメージ（「がんばる」姿）をともなったカテゴリー化をおこなうことで、受け手に特定の感情（「感動」など）を喚起させるべく制作されたメディア文化的生産物のこと。オーストラリアの障害者アクティビストでありコメディアンでもあった S. ヤングによって提唱された。

障害学

　障害（者）を、医療、リハビリテーション、社会福祉、特殊教育の対象とする伝統的な枠組みから解放し、社会、文化の視点からとらえなおす学および社会運動。「障害」を「個人の属性」からとらえるのではなく、「社会がつくりだすもの／社会の関係性のなかにあらわれるもの」ととらえる。

ブックガイド

渡辺一史『なぜ人と人は支え合うのか――「障害」から考える』ちくまプリマー新書、2018年

　障害学に関心をもったらまずこの一冊。「障害」を個人の悲劇や不運としてではなく「社会的なもの」としてとらえるための視点をインストールするのに最適。障害者運動の歴史や介護の実態などの具体的な事例と考察を通して、この社会のありかたを根本から問いなおす。

オリバー、M.『障害の政治――イギリス障害学の原点』三島亜紀子・山岸倫子・山森亮・横須賀俊司訳、明石書店、2006年

　原題は、*The Politics of Disablement*（無力化の政治学）。現在の障害者をめぐる政策および社会運動にとって、もはやスタンダードな視座となった「障害の社会モデル」を準備した書の一つ。障害者を社会のメインストリームから排除し「無力化」する力への抵抗としての障害者運動の可能性を示す。

ホックシールド、A. R.『管理される心――感情が商品になるとき』石川准・室伏亜希訳、世界思想社、2000年

　人びとがごく「自然なもの」ととらえる感情経験のもつ「社会性」を明らかにする試みとしての「感情（の）社会学」の基本文献。対面的なものであれメディアを介したものであれ、日常的な相互行為のなかで期待される「感じなければいけないこと」と資本主義の関係を再検討する。

第 **7** 章

女性被害者は本当に多いのか？
──客観的現実、ラベリング、ジェンダーバイアス

四方由美

1 犯罪は増加している？

犯罪不安社会

「凶悪犯罪が増えている」「犯罪が低年齢化している」「外国人犯罪が増えた」といった意見について、みなさんはどのように考えるだろうか。2017 年の内閣府の調査では、「ここ 10 年間で日本の治安はよくなったと思うか」について、回答者の約 60％が「悪くなったと思う」と答えている（「どちらかといえば悪くなったと思う」を含む）（内閣府政府広報室 2017）。

日本のマスメディアは、殺人事件、虐待事件、振り込め詐欺など、犯罪事件を毎日のように報道している。逮捕された容疑者（被疑者）の凶暴性や「心の闇」をことさら強調する報道もある（鈴木 2013）。このような環境において、私たちは、「身近に犯罪が多発している」と感じ、ひいては「最近治安が悪化した」と考えることもあるのではないだろうか。

しかし、統計を見ると犯罪（刑法犯の認知件数）は増えておらず、むしろ減少傾向にある（図 7-1）。浜井浩一は、犯罪は減少しているにもかかわらず増えていると感じ、治安悪化の不安を駆り立てられる社会を「犯罪不安社会」と呼ぶ（浜井・芹沢 2006）。「疑似環境」（リップマン 1987）という言葉を引くまでもなく、メディア報道によって主観的現実（自分が現実だと考える現実）と**客観的現実**（統計などで示される現実）にズレが生じている状況といえよう。

本章では犯罪報道を、まず客観的現実という観点からとらえる。なかでも、

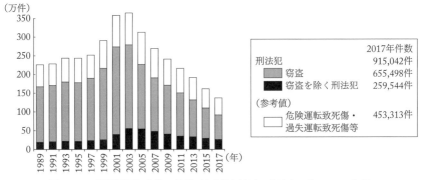

図7-1　刑法犯認知件数の推移（法務省法務総合研究所（2018）をもとに作成）

注）警察庁の統計による。危険運転致死傷は，2003年から2013年までは「刑法犯」に，2015年以降は「危険運転致死傷・過失運転致死傷等」に計上している。

「女性被害者は本当に多いのか」という問いに焦点を当て、そこから「女性被害者が多いと感じるのはなぜか」「女性被疑者の報道はどうか」と問いを広げていく。これを通じて、犯罪報道は私たちに何を伝えているか、社会生活とどのようにかかわっているか、どのような問題、課題があるのか考察したい。

犯罪統計の活用　　　　近年、犯罪は減少傾向にあると先に述べたが、少年による刑法犯などの検挙人員も、全体としては減少傾向にあり、2017 年は戦後最少である（図7-2）。

『警察白書』や『犯罪白書』『犯罪被害者白書』などを活用すると、行政機関の業務統計をもとにした数量的な犯罪件数などの把握が可能である。ただし、留意しなければならないのは、これらのデータは、世の中で起こっているすべての「犯罪」ではないことだ。被害の届出、告訴、告発などにより警察が認知した事件数が「認知件数」、警察などが検挙した数が「検挙件数」、警察などが検挙した事件の被疑者数が「検挙人員」である。当然、被害の届出がされていない犯罪（暗数）が存在する。たとえば、性犯罪などでは、警察に被害届が出されるのは氷山の一角にすぎない（浜井編 2013：ⅲ）。

統計の見方にも慎重になる必要がある。日本における外国人による犯罪は一時期増加傾向にあったが、それは、来日する外国人が増えたことによるものと

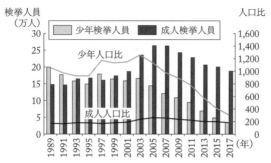

図7-2　少年と成人の刑法犯検挙人員・人口比の推移
（法務省法務総合研究所　2018）

注1）警察庁の統計，警察庁交通局の資料及び総務省統計局の人口資料による。
　2）犯行時の年齢による。ただし，検挙時に20歳以上であった者は，成人として計上している。
　3）触法少年の補導人員を含む。
　4）「少年人口比」は，10歳以上の少年10万人当たりの，「成人人口比」は，成人10万人当たりの，それぞれの検挙人員である。
　5）2003年から2013年は，危険運転致死傷を含む。

考えられる。外国人＝犯罪者ではないのはいうまでもない。来日外国人検挙件数は、2005年をピークに減少に転じている（法務省法務総合研究所 2018）。

一方、犯罪報道は、警察がメディア各社に伝える警察発表や、記者独自の取材によって得られた事件情報についてニュースバリューなどを判断のうえ、報道される事件が決定される。つまり、犯罪として把握された事件のうち、選ばれた事件が報道されていることを認識しなくてはならない。

ワーク1

　あなたの印象に残っている犯罪の報道を思い出し、被疑者・被害者の個人情報やプライバシーに関する情報について覚えていることがあるか書き出してみよう。

2　被疑者・被害者にプライバシーはない？

報道被害の問題化

　犯罪報道の問題の一つに「報道被害」がある。日本において、このことが指摘されはじめたのは1970年代中頃である。日本弁護士連合会が、犯罪報道によって引き起こされる名誉棄損やプライバシー侵害について言及し、「少なくとも無罪の推定を受けている被疑者・被告人」は匿名で報道すべきとして、被疑者を犯人視する報道の問題

点を指摘した（日本弁護士連合会編 1976）。また、浅野健一は、報道記者の立場から（当時）、「事件が報道されるべきで、個人の名前を知らせる必要はない」と事件当事者の匿名報道を提案した（浅野 1984）。

　1980 年代後半になると、すべてのマスメディアが被疑者を呼び捨てから容疑者呼称に転換、2000 年には、日本新聞協会が新聞倫理綱領を改定し「人権の尊重」の項目を設けるなど、報道される者の人権に配慮するようになった。さらに、少年法改正（2000 年）、個人情報保護法の制定（2003 年）など、法制度が変わることによる報道の変化もみられる。とりわけ犯罪被害者等基本法成立（2004 年）に基づく犯罪被害者等基本計画には、警察発表で被害者を匿名にすることが盛り込まれ、被害者の情報の公表を制限する流れとなった。

　しかしながら、現在もメディアスクラム（集団的過熱取材）をはじめとした報道被害がなくなったわけではない。その要因の一つは、捜査報道が中心で被疑者逮捕時が報道のピークとなり、事件当事者に焦点が当てられる日本の犯罪報道の特徴にある。被疑者に対して「逮捕＝犯人」という印象を与えてしまうだけでなく、その人物について伝えられるさまざまな情報から「犯罪者＝社会的逸脱者」という**ラベリング**につながる。一方で、事件の背景分析や再発防止策への言及は少ないため、犯罪の要因を事件当事者に求め、被疑者への過剰な批判や、反対に被害者への責任追及といった報道被害が深刻化するといえよう。

　　被疑者・被害者の
　　　プライバシー

しばしば個人情報とプライバシーは混同される。個人情報は、氏名、生年月日等「特定の個人を識別することができるもの」（個人情報保護法第 2 条）、プライバシーは、非公開の私的な事柄を指す。両者は重なる部分はあるものの、区別してとらえた方がよいだろう。プライバシーは、誰もが侵害されるべきものではないが、個人情報は、ニュース報道において 5W1H を構成する重要な要素であり、必要があれば公表されうるものである。

　問題は、特定された個人へのラベリングやバッシングといった行為だ。こうした行為が人権侵害へとつながってしまう要因には、個人情報とプライバシーがセットになって世間に知られてしまうことにある。加えて、近年の情報環境は、プライバシーの侵害を加速させている。ツイッターやフェイスブックなど

ソーシャルメディアが発信する犯罪事件の情報は、被疑者や被害者の個人情報およびプライバシーを拡散することが指摘されている（武田 2018）。事実かどうか定かではないことを含む拡散された情報は、「まとめサイト」で一覧に供され、互いに共鳴しあいながらさらに拡散・蓄積されるのだ（第2章参照）。

　プライバシーの侵害は、被害者にも及ぶ。報道においては、被害者死亡の事件では氏名が公表される傾向にある。たとえば、相模原障害者施設殺傷事件（2016年）では、被害者の氏名は匿名で報道されたが、座間市9遺体事件（2017年）では、被害者の氏名や年齢、所属が報道された。すると、たちまち9人の被害者についてのさまざまな情報がネット上にあふれた。これらは、報道による直接的な侵害ではなく、私たち受け手が情報収集・拡散した結果である。報道する側が、情報の出し方に配慮したとしても、防ぐことができない状況にある。

3 女性被害者数と報道の関係を分析する

女性被害者は本当に多いのか

犯罪の被害者は、男性、女性どちらが多いだろうか。犯罪報道において女性が取り上げられる割合が高いことが指摘されてきた。矢島正見は、犯罪報道における被害者の分析を行い、女性被害者は男性被害者と比べ報道される率が高いと指摘する。年齢層別にみると、14歳以下が報道される率が高いという（矢島 1991）。

　では、統計においてはどうか。最近10年の人が被害者となった刑法犯の認知件数・被害発生率を男女別にみると、男性の被害発生率は、女性の2倍以上である（図7-3）。主な罪名別・

図7-3　人が被害者となった刑法犯認知件数・
　　　　被害発生率（男女別）の推移
　　　　（法務省法務総合研究所 2018）

注1）警察庁の統計及び総務省統計局の人口資料による。
　2）被害者が法人その他の団体である場合を除く。
　3）「被害発生率」は，人口10万人当たりの認知件数
　　　（男女別）をいう。
　4）一つの事件で複数の被害者がいる場合は，主たる被
　　　害者について計上している。

表7-1　人が被害者となった刑法犯認知件数（法務省法務総合研究所（2018）をもとに作成）

（　）内は女性内数

罪　名	13歳未満	13〜19歳	20〜29歳	30〜39歳	40〜49歳	50〜64歳	65歳以上	総　数
殺　人	65 (33)	33 (12)	110 (59)	107 (36)	156 (45)	165 (64)	278 (141)	914 (390)
強　盗	6 (4)	120 (58)	400 (180)	308 (94)	253 (66)	351 (128)	269 (127)	1,707 (657)
強制性交等	91 (84)	351 (346)	466 (463)	116 (116)	60 (60)	15 (15)	10 (10)	1,109 (1,094)
暴　行	852 (362)	3,120 (1,526)	7,145 (3,481)	6,118 (2,631)	5,928 (2,386)	5,065 (1,633)	2,785 (1,103)	31,013 (13,122)
傷　害	613 (194)	2,539 (707)	5,408 (2,173)	4,621 (1,820)	4,403 (1,682)	3,541 (1,057)	2,161 (813)	23,286 (8,446)
窃　盗	12,443 (3,770)	86,360 (27,523)	103,005 (35,767)	76,658 (22,526)	80,004 (23,078)	78,384 (21,869)	67,899 (24,341)	504,753 (158,874)
詐　欺	12 (1)	859 (503)	3,341 (1,731)	3,676 (1,567)	4,447 (1,799)	5,639 (2,255)	14,854 (11,058)	32,828 (18,914)
強制わいせつ	953 (833)	1,838 (1,788)	2,051 (2,033)	588 (582)	254 (251)	99 (96)	26 (26)	5,809 (5,609)
その他	131 (67)	1,046 (468)	1,510 (683)	1,143 (449)	1,156 (420)	1,025 (327)	534 (206)	6,545 (2,620)
総　数	15,166 (5,348)	96,266 (32,931)	123,436 (46,570)	93,335 (29,821)	96,661 (29,787)	94,284 (27,444)	88,816 (37,825)	607,964 (209,726)
総数に占める各年齢層の割合(%)	2.5	15.8	20.3	15.4	15.9	15.5	14.6	100.0
年齢層ごとの女性割合(%)	35.3	34.2	37.7	32.0	30.8	29.1	42.6	34.5

注1）警察庁の統計によるもので，主な罪名別，被害者の年齢層別の2017年の刑法犯認知件数。
　2）一つの事件で複数の被害者がいる場合は，主たる被害者について計上している。
　3）罪名の「総数」は，この表に掲げた主な罪名の犯罪によって人が被害者となった認知件数の合計である。

年齢別にみると、総数では20歳代（20.3％）が多く、詐欺被害は65歳以上（45.2％）が多い（表7-1）。女性被害者の割合がもっとも高いのは65歳以上（42.6％）である。また、罪名別・男女別に比率をみると、強制性交等と強制わいせつの性犯罪事件の被害者のほとんどが女性であるほかは、詐欺被害者に占める女性被害者の比率が高く、65歳以上では74.4％を占めている。このことから、報道される犯罪被害と実際の被害発生率との間に乖離があることがわかる。とりわけジェンダーの観点からみると、その傾向が顕著である。

犯罪報道にみる
ジェンダーバイアス　　　女性被害者は、報道される率が高いだけでない。小玉美意子らは、東京電力女性社員殺人事件（1997年）

と学習院大男子学生殺人事件（1997年）の週刊誌報道を比較分析し、女性被害者は、男性被害者と比べて、プライバシーの侵害が著しいとする（小玉・中・黄1999）。特に、この事件では、女性被害者の性的な事柄が多く報道された。

　被害者だけでなく、「犯罪と女性」の組み合わせは、センセーショナリズムやスキャンダリズムにさらされやすい。この背景には、**ジェンダーバイアス**がある。筆者は、犯罪報道において女性被疑者・女性被害者には、従来から議論されてきた人権やプライバシーといった諸問題に加えて、ジェンダーを背景とした問題がみられると指摘した（四方 2014）。

　（子殺しを含む）殺人事件の女性被疑者が、妻役割や母親役割といった性役割とのかかわりにおいて責任を追及されることや、また性犯罪事件の女性被害者が「落ち度」を責められたり、容姿について言及されたりすることなど、女性被疑者や女性被害者の報道にはジェンダー規範に基づくラベリングがみられる。たとえば、巣鴨子ども置き去り事件（1988年）、秋田連続児童殺害事件（2006年）、大阪2幼児放置死事件（2010年）の新聞報道では、いずれも「ひどい母親」であることを強調され、女性被疑者の家事や育児の不十分さ、母親としての愛情不足、異性関係や交友関係などが大きく報じられた。虐待事件で検挙された被疑者は男性（父親）の方が多いにもかかわらず、女性被疑者の方が多く報道されるのもジェンダーバイアスの表れの一つであろう（表7-2）。

　この社会のジェンダー規範に沿った報道がなされることは、ある意味で当然

表7-2　児童虐待事件の検挙人員と報道件数（法務省法務総合研究所（2011）および四方（2014）をもとに作成）

（　）内は傷害致死内数

加害者	実際と報道の別	殺人	傷害	その他	総数
父親等	実際の検挙人員	7	155(11)	106	268
	報道された事件の検挙人員	7	54(9)	15	76
母親等	実際の検挙人員	22	65(7)	32	119
	報道された事件の検挙人員	20	31(6)	29	80

注1）実際の検挙人員は、警察庁生活安全局の資料によるもので、無理心中及び出産直後の嬰児殺を除く2010年の数値。
　2）報道は、『朝日新聞』2010年1月1日〜12月31日（地方版含む朝夕刊）において、児童虐待事件が報じられた記事の2010年の検挙人員をカウント（同事件による重複はなし）。
　3）「父親等」は、実父、養父・継父、母親の内縁の夫など。「母親等」は、実母、養母・継母、父親の内縁の妻など。
　4）罪名の「その他」は、暴行、重過失致死、強姦、強制わいせつ、保護責任者遺棄、逮捕監禁など。

かもしれない。問題なのは、報道のジェンダーバイアスが私たちの認識を歪め
たり、差別や偏見につながってしまうことである。

ワーク2

　報道される被疑者・被害者の扱いに、性別による違いがあるだろうか。実
際に事件を一つ選び、性別で違いがあるか、あるとすればそれはどのような
ことか、またそれはなぜか、調べてみよう。

ワーク3

　数名ずつのグループに分かれて、【ワーク2】の結果を共有しよう。その
うえで、メディアによっても違いがみられるか、手分けして調べ、報告しあ
おう。

4　犯罪報道とメディアリテラシー

犯罪報道の現状と課題　　報道する側からみると、犯罪報道には、犯罪の抑止
（犯罪予備軍への警告）、被害の回避（被害者予備軍への警
鐘）という社会的役割が認識されている（大庭 1988）。近年、独自の調査や、事
件の背景を探る記事が増えてきているが、被疑者や被害者の情報と事件の詳細
を繰り返す報道が依然として多い。こうした報道が招く犯罪不安によりモラル
パニックが誘発されることは、犯罪の抑止や被害の回避につながるだろうか。
　報道は、被疑者の生い立ち、家族関係、性格、友人関係などを細かく伝える。
受け手は、彼ら・彼女らの個人情報やプライバシーを興味本位で詮索し、人間
性を責め立てる。しかし、被疑者が仮に犯人（犯罪者）であったとしても、非
難し社会的に排除することが、犯罪の抑止になるだろうか。むしろ、暴力的に
行われる当事者へのラベリングにより新たな犯罪が起こる可能性もある。
　浜井浩一（2013）は、犯罪者を排除せず、福祉の対象として支援を行うイタ
リアの事例を紹介している。イタリアでは、受刑者を社会的に弱い立場に置か

れた者として処遇し、司法、福祉、医療のネットワークにより更生や社会復帰を助ける仕組みができている。誰もが加害者にも被害者にもならずにすむ社会づくりを考えるならば、当事者に寄り添う視点は重要だろう。また、このような視点での報道がもっとあってもよいだろう。

　被害者についても同様だ。犯罪の被害で深く傷ついているにもかかわらず、責任を問われ、プライバシーを詮索されるなど二重三重に被害を受ける場合がある。朝日新聞記者の河原理子は、1990年代後半、被害者への取材から、司法や警察、社会的支援の仕組みに組み込まれず、孤立する被害者の状況を記事にしている（河原 1999）。その後、犯罪被害者支援の必要性について議論が高まり、支援ネットワークや記者との間で、勉強会などの取り組みが広がっていった。

**メディア利用と
メディアリテラシー**

　他方、これまで、被害を訴えることが困難であった性犯罪被害者が被害の深刻さをみずから発信する例も出てきた（小林 2008）。「#MeToo運動」の世界的な流れのなかで、この動きは加速するかもしれないが、被害者に大きな負担がかかることから誰にでもできることではない。2017年に性犯罪をめぐる刑法の規定が110年ぶりに改正された。女性のみが被害者だった「強姦罪」が、被害者の性別を問わない「強制性交罪」に変わるなど大幅な改正ではあるが、暴行・脅迫がなければ強制性交罪は成立しないことに変わりはない。被害者が「なぜ逃げなかったのか」と責められ、「どれだけ抵抗したか」が問われることは変わらないのだ。

　また、新たな問題も顕在化している。伊藤詩織さんは、名前と顔を公表して記者会見を行い、元TBS記者から受けた性被害を訴えた（伊藤 2017）。しかし、BBCをはじめとする海外メディアが注目し大きく報道したのに対して、日本のマスメディアの多くは、当初このことをほとんど伝えなかった。

　犯罪報道は、私たちの社会生活とどのようにかかわっているだろうか。犯罪報道では、起こった犯罪すべてが報道されているわけではない。何が伝えられて、何が伝えられていないのか。伝えられていることは、事件の理解に必要なことか。受け取った情報をもとにした自分たちの行為が偏見を助長していることはないか、犯罪を防ぎ、減らすことに貢献しているか。現代の情報社会において、私たち受け手のメディアリテラシーが問われているのではないだろうか。

キーワード

客観的現実

　　本章では、数値やデータで表現できる現実を指す。感情や思いで認識される主観的現実と区別して用いる。事象について多い／少ない、増加している／減少していると、感覚的に認識することがあるが（主観的現実）、データ上はそれと異なる場合がある。ただし、数値やデータは現実社会のある部分を切り取ったものであることに留意が必要である。

ラベリング

　　ラベル（レッテル）を貼ることにより、人物や物事の評価を固定してしまうこと。たとえば、一度「犯罪者」というレッテルを貼られてしまうと、逸脱者としての烙印が押され信用の回復が難しい。逸脱行動論では、ラベリング（ラベルを貼る他者の行為）から逸脱者が生まれることも指摘される。

ジェンダーバイアス

　　性別による偏った見方。性役割規範（⇒第5章キーワード）を前提とした考えのもとに物事を見ることによる偏り。私たち自身の価値観やその形成過程を批判的にとらえ、指摘する時に用いられる。

ブックガイド

梓澤和幸『報道被害』岩波新書、2007 年

　　報道被害に向きあう弁護士の立場からの問題提起の書。豊富な事例紹介から報道被害の深刻さがわかる。なぜ報道被害が生まれるのか丹念に検証し、被害の救済方法を示す。メディア規制の問題点についても言及されている。

高橋シズヱ・河原理子『〈犯罪被害者〉が報道を変える』岩波書店、2005 年

　　丁寧な取材により、犯罪被害者の悲しみや社会制度の不備、報道被害、報道によって救われたことなどの体験がまとめられている。また、被害者を取材する記者の論考も掲載されており、報道する側の葛藤も知ることができる。これからの報道のあり方をともに考える一冊である。

荻上チキ・浜井浩一『新・犯罪論——「犯罪減少社会」でこれからすべきこと』現代人文社、2015 年

　　統計資料による根拠を示しながら、「犯罪減少社会」をとらえ、私たちがすべきことについて模索、誰もが犯罪を犯さなくてすむ社会のための「新たな社会モデル」を提示している。メディアや報道の問題を考えるうえで、知っておきたい議論である。

第 **8** 章

健康の不安はメディアで解消されるのか？
——信頼、リスク報道、食の社会学

柄本三代子

1　不安になるとき、信頼するとき

健康の不安とメディア

　何がカラダにいいとか悪いとかという情報は、怒濤のようにひっきりなしに私たちに向かって押し寄せてくる。これを食べればより健康になれる、これはカラダに悪いから食べない方がいい、といったように。今でも不安だし、この先も不安を抱えて過ごすことになるかもしれない。そんな不安もまとわりついてくる。

　健康をめぐるさまざまな不安について最初に知るのは、メディアによる場合も多いだろう。不安をリスクと言い換えるなら、そこには「よくわからないこと」「あいまいなこと」もあるかもしれない。そしてそれを埋めるためにさらにメディアから情報を集め、何かを、誰かを**信頼**しようとするかもしれない。ドイツの社会学者 N. ルーマンは、リスクとはコミュニケーションの問題だと言う（ルーマン 2014）。さまざまなコミュニケーションを通じて何らかのリスクについて知り、安心するためにまた信頼できる情報をさらに必要としてコミュニケーションをとることになる。私たちはどのような情報を信頼し、健康の不安を解消しようとするのだろうか。はたして、それはメディアによって可能なのだろうか。

　本章では、日常が転覆してしまったといえる、2011 年の福島第一原子力発電所事故による放射能汚染の事例をもとに、**リスク報道**のある特徴について検討してみよう。たとえば、起こりうるリスクについて説明されるとき、メディ

アには専門家が登場し、科学的な言葉が使われることがほとんどである。それと同時に、私たちに向けて情報がリリースされる際には、さまざまな加工がすでになされている。たとえば「わかりやすさ」や「冷静な対応」が優先され追求されているかもしれない。説明が省略されることも多々あるのだろう。

そもそも、報道され私たちの目に止まり耳に入ってくるリスクは氷山の一角にすぎない。私たちの生活や健康をおびやかすリスクについて、そのほとんどを私たちは知る機会がない、と思ってもよいだろう。

ワーク1

　健康や食に関して不安を覚えるような話題・事件・事故に、どのようなものがあるか考えてみよう。それらは、あなたの生活とどのように関係しているだろうか。それらの情報を集めるためにあなたはどのメディアを利用するか、それはなぜか考えてみよう。

どのメディアを信頼するのか

　何かしらの不安を解消するために情報が必要となった場合、もちろんその不安の内容にもよるだろうが、あなたはどのメディアを利用し信頼するだろうか。13歳から69歳までの男女1500人を対象にした、総務省情報通信政策研究所（2018）の調査をみてみよう。「それぞれのメディアに信頼できる情報がどの程度あると思うか」という問いに対する、「全部信頼できる」「大部分信頼できる」と回答したものの合計である信頼度は、高い順に、新聞68.7％、テレビ63.6％、インターネット30.8％、雑誌19.1％という結果である。みなさんの印象と合致しているだろうか。

　「不安の内容にもよるだろうが」と先述したが、内容によって信頼するメディアが違っていたりする可能性はないだろうか。先の調査は、テーマ別の信頼度についても調査している（表8-1）。他のテーマに比べ「原子力の安全性」については、どのメディアでも信頼度がもっとも低い。このことは、原子力の安全性について不安を覚えたときに、信頼できるメディアをみつけることが難しいことを意味しているのかもしれない。テレビの信頼度がどのテーマに関しても高く出ているが、不安を解消するために「テレビで言っていたよ」はあり

表 8 - 1　2017年度の各メディアの信頼度（%）（総務省情報通信政策研究所（2018）をもとに作成）

	新聞	テレビ	雑誌	ラジオ	ニュース サイト	ソーシャル メディア	ブログ、 その他の サイト	動画配信、 動画共有 サイト
政治・経済問題（国内）	67.5	79.7	23.2	47.2	52.8	22.1	8.1	11.1
社会問題（国内）	68.5	81.7	24.5	48.1	53.9	23.2	8.5	10.9
海外ニュース	64.2	77.8	23.1	44.4	49.8	21.1	7.9	10.4
東アジアの外交問題	54.9	61.0	19.4	36.3	41.5	18.5	6.9	9.5
原子力の安全性	48.5	52.3	17.1	30.7	37.1	16.6	6.8	8.5

えても、「ツイッターで言っていたよ」というのではたしかに信頼度が落ちるかもしれない。そこで「どこそこの誰それが」が一つ重要な情報になってくる。SNS では個人的に、また匿名でも発信ができるけれど、いちおうテレビに出るときはある程度身元を明かすし、発信までに複数の人間が介在している、という信頼の仕方もあるだろう。

　放射能汚染とそれによる被曝をめぐる状況に端的にみられるように、さまざまな情報が錯綜しているとき、私たちはそのいずれを信頼しようとするのだろうか。するならば、どのようにして誰のどの情報を信頼しようとするのか。一方でニュースソース（情報源）が一元化されていたならば、それはそれで「ほかの説明はありえないのか」と、むしろ不信が増幅する可能性はないだろうか。また健康のリスクについて報道される際の常套句である「冷静な対応」「現段階では」「ただちに健康に影響はない」という文言が繰り返されるのは、たとえば健康被害よりも、農家などの生産者や利害関係者の経済的不利益が懸念され、「将来についてはわからない」ことの担保、ということかもしれない。

ワーク 2

　私たちの健康や食をおびやかすリスクについての報道・発信を探してみよう。それをグループでもちより、それぞれに、不明な点、あいまいな点、疑問点、矛盾点、さらに調べてみたい点がないか、みんなで考えてみよう。

2 安全と安心がセットで使われるとき

**安心を得るための
主人公は私**

「安全安心」という言葉がある。私たちにとっては
すでに耳慣れた言葉であり、聞き心地や使い心地がい
いとすらいえるだろう。だが、この親しみ深い日本語を他言語使用者に説明し
ようとすると困難をきわめる。安全は安全、安心は安心、そもそもそれらは別
のものなのだから。セットで理解すべきものとしてひとり歩きすることになる
と、どこかで決定された「安全」によって、当然「安心」を得るはずである／
得ねばならない、ということがあたりまえになってしまわないだろうか。セッ
トで理解しないなら、それはその人がなんらかの問題（通常「科学的理解不足」）
を抱えていることになる。「安全なのになぜ安心しないのだ」というわけだ。

健康と食のリスクについて、2014年2月27日、西日本のとある放射能測定
室（原発事故後、土壌や食品の放射能汚染状況を自分たちで測ろうという人たちが立ち上げ
た）でインタビューした際、「安全安心」について違和感を示す人がいた。信
頼に足る事実を手離さず、自分たちの手中に収めようとする70代女性スタッ
フは以下のように語った。

> 安全は技術的な問題として語られるが……安全と安心はセットじゃない。安心は自分の
> なかで納得して腑に落ちる内面の問題であって、一人ひとりが主人公。安心を得るため
> の主人公は私。そのためには情報公開されなければならない。　　　　　（柄本 2016：211）

安全と安心がセットで使われるとき、私たちの「内面の問題」が切り捨てら
れている可能性はないだろうか。一方で健康のリスクよりも生産者のこうむる
経済的不利益が問題化されると、消費者が加害者とされるのが常だ。生産者対
消費者という対立の構造ができあがり、安全だと言っているのに安心しない消
費者が加害者になる。メディアにおいて、対立の構造は強調されやすい。

しかし、その生産者（被害者）-消費者（加害者）関係の外部にある問題は隠さ
れてしまう。そもそも事の発端は何だったのか、なぜ消費者は買えなくなった
のか、生産者であれ消費者であれある一定の理解への縛りと責めを突然負うこ

とになったのはなぜか、といったことだ。原発や原発事故がなければ、消費者
は加害者扱いされず、生産者は被害者にならなかったのではないか。

<table>
<tr><td>国民に向けて
作られた言葉</td><td>「安全安心」が政策的な造語であることについて、
加藤尚武は次のように述べている。</td></tr>
</table>

「安全・安心」というように二つの言葉が連なって、それが災害対策や技術の社会的な
利用の条件であるかのように語られるのは、日本だけの現象で、諸外国には例を見ない。
これは正式の法律文書には登場せず、科学技術に関連する官庁や官庁主導の報告書など
に使われている。……「安全・安心」は、日本の技術行政の専門家が国民向けに作った
概念で、法哲学的には「安全」と「安心」は区別しなければならない。　(加藤 2011：69)

区別せねばならないと考えているのは法哲学者だけではないことは先にみた。
　私は何を信頼して何をして安心すればいいのだろうか。いや、信頼とはいい
も悪いもない「内面の問題」ではないだろうか。「信頼せよ」と言われたから
信頼するというのであれば、それはその発言をした人をまず信頼していたとい
うわけだ。次に、メディアに登場する専門家について考えてみよう。

3　メディアのなかに専門家が登場するとき

<table>
<tr><td>専門家の会見と
その報道</td><td>メディアの内容にどれほど信頼を置くのかは、メ
ディアの内容について、つまりメディアが放送してい</td></tr>
</table>

ることは何であって何でないのかについてどのように理解しているのか、とい
うことにかかわってくる。たとえば専門家や科学者の言葉にメディア内で出会
えば、一つの「解」として藁にもすがる思いで信頼しようとするかもしれない。
　このことについて考えるうえで、2015 年 8 月 31 日の『報道ステーション』
（テレビ朝日）はとても興味深い放送だった（柄本 2016：233-236）。この日に福島
県いわき市で第 20 回福島県「県民健康調査」検討委員会が開催され、その専
門家集団の記者会見の模様が「福島 "甲状腺がん" または "その疑い" 二回目
検査で「二十五人」判定」というテロップとともに放送された。この検討委員

会は福島第一原発事故後の放射能汚染による身体への影響について調べる「県民健康調査」について、専門家が見解を述べるものである。ナレーションが次のように入る。

> 原発事故当時十八歳以下だった子どもたちに対する甲状腺がんの検査。事故の半年後に一回目の検査が始まり、去年四月からは同じ子どもたちを対象に二回目の検査に入っている。

> 福島県が設置する専門家の集まり「県民健康調査」検討委員会が今日開かれ、甲状腺がんまたはその疑いがあると判定された子どもの人数が示された。これまでにおよそ十七万人が受診した二回目の検査の結果は二十五人だった。発表のたびに人数が増えている。これは何を意味するのか。
> 　　　　　　　　　　　　　　　　　　　　　　　　　　　　　（柄本 2016：234）

　この検査結果に対して「原発の影響とは考えにくい」という専門家である委員会座長の発言が紹介される。この話題はここで終了しても不思議はない。「この一言」さえあればこのニュースは完了するし、「この一言」こそが視聴者にとってもっとも重要だったのではないだろうか。

　別の専門家による訂正　　ところがこの日の放送は、ここで終わりではなかったのである。「会見での一幕」とし て以下の部分までつづけて放送されたのだ（この記者会見自体は Independent Web Journal「第 20 回「県民健康調査」検討委員会 2015.8.31　全編動画 6/8」で視聴可能）。

ナレーション：今日の会見ではこれまでになかった一幕もあった。先の星座長の「原発の影響とは考えにくい」との発言に対し、別の委員が意見をはさんだのだ。
春日文子委員：ちょっと意見申し上げてもいいでしょうか。あのー「考えにくい」という表現がですね、やはり相当にあの否定的に聞こえてしまう表現だと思うんです。ですので、あのー感覚としてはみなさん共有してるとは思うんですけれども、やはりその一示し方、書きぶりとしてですね、「可能性は小さいけれどもまだ否定できない」というような言い方をしてはどうかと思うんですね。

> 星北斗座長：はい。あのー、そのとおりです。「考えにくい」というのは私が考えた言葉でありまして、今後明らかになることがあればそれによってもちろん、えー可能性としては変化を、変化しうる前提だと思います。あのー表現についてはまた考えさせていただきます。
>
> (柄本 2016：234-235)

　「それで専門家は何と言ったのか」。この一点こそが、視聴者のもっとも知りたい部分だろう。ところが、それは「私が考えた言葉」にすぎなかったというわけだ。たしかにそれは、専門家が考えた言葉ではあるけれども、他の専門家から即座に訂正が入る類のものである。「変化しうる前提」の専門家の言葉を、視聴者はどのように受け止めればいいのだろうか。

　ここでもっとも重要なのは、「変化しうる前提」という言葉を引き出したことと、この一部始終が放送されたという事実である。つまり専門家の考えた言葉とはいえ「変化しうる前提」でしかなく、そう簡単には白紙委任して信頼してしまえないと思っても不思議はないほど、厄介な事態に私たちは巻き込まれているのである。この放送によって、その事実が知らされたのである。このような案件について「科学的に正しく理解せよ」と言われても、いや専門家の先生だって「変化しうる前提」で「私が考えた言葉」で話すしかない案件について、素人だけがなぜ科学的に正しく理解しなくてはいけないのか。専門家もできないのに。

4　「科学的に正しい理解」の外側を考える

**メディアで
繰り返される表現**　　「科学的に正しい理解」に私たちを落とし込もうとする、その外側に立つ必要がある。このことは別に、科学的に考えることを否定しているのではない。その一点のみに視野を狭められてしまってはならない、ということだ。そもそも、私たちはなぜこのような不確実性に由来する不安を覚えねばならなかったのか、と視野を広げて考える必要がある。

　「安全安心」「科学的に正しく」につづけて、「冷静な対応」とメディア内において繰り返される事象は次々に生じている。「冷静な対応」とはしかし、何

もしないことや何も考えず鵜のみにする、ということを必ずしも意味しない。熟慮に熟慮を重ねそうなることと、まったくの無関心かつ何もしないことでそうなることとは、外形的には等しく「冷静な対応」となるのかもしれない。しかし、一つのリスクが他のリスクに芋づる式でつながっていることも多い現実を踏まえるのなら、両者の態度はまったく異なるものととらえられる。熟慮を重ねるということは疑問が疑問を生みだすことも意味するだろう。

疑問を手離しては
いけない

　科学的に正しく判断せよというのであれば、知る権利が保障されている必要がある。私たちが生活や健康を守るためにどのような決定をくだすのか、ということは、ひっきりなしに異物を体内に取り込む「食べる」という行為一つとっても日常的である。このようなことをテーマとする「**食の社会学**」や「**身体の社会学**」（⇒第４章キーワード）という分野があり、重要な学問領域として認識されてきている。なぜならば、国家や政治や歴史や制度とかかわりつつ、報道の自由や、私たちの知る権利、知らされる権利がどれだけ保障されているのか、ということと私たちの食や身体は深く結びついているからだ。錯綜する情報の中から信頼するものを選び取り、みずからの生活や健康を守ることが自己責任として要求されるのなら、この自由と権利の保障が前提となることも、当然考察の対象となる。

　とはいえ、学術的に学んでいるか否かにかかわらず誰にとっても、報道されていることよりも、報道されていないことの方が重要であることがわかる。報道されていないことについて、私たちはどのようにして知りうるのだろうか。それは報道されていることを、知らされていることをまずは観察するしかない。そして、疑問や不信がわいてきたなら、それらを簡単に手離さないことだ。

ワーク3

　【ワーク1】で挙げた「健康や食の不安を覚えるような話題・事件・事故」のなかから一つ選び、そのことに関する報道や情報を、複数のメディアから集めてみよう。できれば、違う立場からの説明を集めてみよう。最終的にあなたはどう判断するか考えてみよう。

キーワード

信頼

　何かを、誰かを信頼する際には、過去に蓄積してきた知識や経験を過剰に利用して、将来の何らかを規定することになる。そこには明瞭な根拠は必要ない。たとえば「偉い人が言っているから」で十分であり、よくわからない説明をする専門家に白紙委任してしまうことも信頼の一種といえよう。

リスク報道

　リスクが現実となるのは「未来」であるから、そのリスクを「現在」報じる際、不確実な余地をどのように伝えるかが重要になる。情報源や送り手が、どの言葉を、どの映像を、どの音声を、どのメディアを選択するかによって、人びとの受け止め方は当然違ってくる。リスク報道戦略は、政府や企業といった組織体による広報活動の重要性に対する認識を高めてきている。

食の社会学

　健康と食は直結している。社会学でも食は 1990 年代以降特に研究されてきている。とはいえ、私たちにとって食べることは生きるためだけのものでない以上、社会学的考察の対象として無視できなかった。たとえば 1970 年代に書かれたブルデューの『ディスタンクシオン』（ブルデュー 1990）では、何を食べるかということが議論に含まれる。

ブックガイド

伊藤守『テレビは原発事故をどう伝えたのか』平凡社新書、2012 年

　原発事故はテレビでどのように放送されたかをつかむ。ドキュメント形式をとりつつ、報道の問題点を指摘している。「熟慮民主主義」のためにテレビのみならずメディアは何ができるのか、といった議論を含む。

NHK ETV 特集取材班『ホットスポット──ネットワークでつくる放射能汚染地図』講談社、2012 年

　専門家と取材者の合同チームが福島第一原発事故直後に現地入りした模様が、2011 年 5 月 15 日に NHK で放送され、書籍化された。自分たちで測る、知ろうとする、それを報道する、すなわち事実を自分たちの手中にすることの重要性とその意味を知るための記録。

ブラウン、W.『いかにして民主主義は失われていくのか──新自由主義の見えざる攻撃』中井亜佐子訳、みすず書房、2017 年

　「民主主義の話がここでどう関連するのだ？」という領域においても、民主主義の瓦解が進んでいる。私たちの健康であれ、知る権利であれ、現代を生き抜くにあたって必要なはずの私たちの力や機会がじわじわと侵食されていると議論する。

第III部

メディアで
境界を越える

第 **9** 章

「外国人」選手はなぜ特別視されるのか？
── 異文化表象、南北格差、スポーツにおける人種化

窪田　暁

1 外国にルーツをもつ選手の増加

　2019 年 6 月、八村塁選手が NBA（ナショナル・バスケットボール・アソシエーション）のドラフトで一巡目指名を受けたニュースは「日本人初の快挙」と大きく報じられた。その際、どのメディアも必ず「父親がベナン出身」と紹介していたことに疑問をもった人はいないだろうか。また、ここ数年のあいだに女子テニスの大坂なおみ選手、陸上男子短距離のサニブラウン・ハキーム選手など、日本国籍を有する「ハーフ」の選手が増加していることに気づいた人はいるだろうか。

　1990 年代以降、日本や欧米のプロ・スポーツ界では外国人選手の活躍が目立つようになった。ヨーロッパのサッカークラブにアフリカ・南米出身のスター選手が移籍するようになり、日本の大相撲ではモンゴル出身力士の存在感が増している。ここ数年でラグビーの日本代表チームが強豪国と互角に戦えるまでになったのも、その半数近くを占める外国生まれの選手に依るところが大きい。

　最近では、中国出身の両親をもち、日本で生まれた卓球の張本智和選手に注目が集まっているが、欧米ではすでに多くの移民二世の選手が誕生し、ナショナルチームの代表にも選ばれている。こうしたスポーツ界の変化は、世界各地で同時代的に生じているものであり、背景にはグローバル化（⇨第 10 章キーワード）にともなう人の移動があることはいうまでもない。

　一方、外国にルーツをもつ選手たちの増加によって、オーディエンス（⇒第13章キーワード）の価値観が揺さぶられつつある。それは、日本代表に「外国人」選手がいることの是非を問う声や「ハーフ」の選手は「日本人」なのかという問いかけのかたちで表れ、メディアを通じて顕在化する。

　本章の関心は、外国にルーツをもつ選手の急増が、オーディエンスの意識や人種、国家といった概念といかに関係してくるのかにあるが、ここではそれが具体的なかたちで表れるメディアにおける語られ方に注目し、その背景にある**異文化表象**の問題について考えてみよう。

　なお、本章では「人種」「黒人」という用語をあくまでもメディアを含む社会一般で使われているものとして扱い、生物学的実体はないという立場をとっている。そのため、本章でも、その虚構性を強調する（もしくは概念として使用する）際にのみ括弧つきで表記する。「ハーフ」「外国人」という表現についても同様である。

ワーク1

　外国人選手や移民二世の選手、あるいは「ハーフ」の選手がどのようにメディアで語られているかを調べ、違和感を抱いた部分があればそれを抜き出し、その理由を書いてみよう。

2　「外国人」選手への「まなざし」

定型的な語り　　まずは、以下の文章を読んで欲しい。これは、2017年6月4日におこなわれたプロ野球のセ・パ交流戦「広島東洋カープ」対「千葉ロッテマリーンズ」の試合結果を報じた新聞記事の全文である。

　　乾いた音を残し、打球は左翼席へ消えた。前日、代打で出場したプロ初打席で特大本塁打を放った広島のバティスタが、またも代打で2ラン。「めちゃくちゃうれしい」と喜んだ。六回二死一塁で登場し、読み通りに来た5球目の変化球を見事に捉えた。プロ

　　初打席から 2 打席連続の代打アーチは、1984 年に村上信一（阪急）もマークした快挙だ。
「芯に当たれば飛ぶ。今季は 20 本くらい本塁打を打ちたい」という 25 歳が、パワーと
ハングリー精神で夢をつかもうとしている。　　　　　　（『読売新聞』2017 年 6 月 5 日朝刊）

　違和感を抱いた箇所はなかっただろうか。メディアによるスポーツ報道では
「あたりまえ」の表現であることから、とくに引っかかることもなく読み進め
たかもしれない。だが、「パワーとハングリー精神で夢をつかもうとしている」
という文章には、先進国側の人々による途上国側の人々に対する特有の「まな
ざし」が潜んでいることに注意を向ける必要がある。

　　　　　「ハングリー精神」の　　バティスタ選手は、ドミニカ共和国（以下、ドミニカ
　　　　　　　使われ方　　　　とする）出身のプロ野球選手で、2015 年の秋に広島
カープの練習生として来日し、翌年 3 月に育成選手契約を結んでいる。育成選
手契約とは、若手選手や他球団から放出された選手、MLB（メジャーリーグ・
ベースボール）での実績がない外国人選手を獲得できるように 2005 年に設けら
れた制度で、最低年俸は 240 万円に設定されている。そのため、育成選手か
ら一軍に昇格した日本人選手を紹介する記事でも「ハングリー精神」という言
葉が使われる。ただその場合、本人へのインタビューをしたうえで、選手の努
力や性格を強調したり、球団の育成システムを評価する目的で使用されるのが
一般的である（二宮 2017）。

　一方、育成選手契約の外国人選手の大半を占めるカリブ海地域出身の選手に
ついては、インタビューにもとづいて書かれた記事はほとんど見当たらない。
また、同じ外国人選手でもアメリカ出身選手には「ハングリー」という表現が
使用されないことを考えると、バティスタ選手の記事の問題とは、育成選手や
外国人選手の描き方ではなく、特定の地域をまなざす際に生じる異文化表象の
問題といえそうである。

　　　　　貧困イメージの形成　　スポーツ選手の国境を越える流れは、「南」の途上
　　　　　　　　　　　　　　国から「北」の先進国へと向かうことはあっても、そ
の逆はほとんどない。これは一般の労働移民と軌を一にしているため、これま

での移民研究の議論のなかにスポーツ選手の移動要因を探ることができる。

　移民が発生する背景にはかつての植民地支配に起因する歪んだ経済構造があり、グローバル化の進展が**南北格差**を拡大させている現実がある。S. サッセンは、大規模かつ集中的な外国の影響力が、潜在的な移民を生みだすと述べ、そのプロセスを以下のように説明する。多国籍企業が生産拠点を労働コストの低い途上国（「南」）に移転させることで、「南」の伝統的な労働構造が解体されるが、慣れない労働環境での就業は恒常的に離職者を生みだし、失業者が増加する。失業者の出身共同体では、すでに伝統的な労働構造が解体されていることに加え、定期的な賃金収入を経験したことから、移民が唯一の選択肢になるというものである（サッセン 1992：166-169）。

　こうした南北格差の現実は、資本主義の論理が先鋭的に現れるプロ・スポーツの世界でより鮮明になる。MLB 全球団はドミニカにベースボール・アカデミーと呼ばれる選手発掘・養成施設を設けている。アメリカとの経済格差を利用し、安い契約金で有能な若い選手を獲得するためだが、「現地で安価な原材料（少年）を調達し、工場（アカデミー）で会社（球団）が選別し、加工を施し（コーチング）、アメリカの基準にあった製品（選手）だけを送りだすという形態」である（窪田 2016：72）。

　バティスタ選手も広島カープがドミニカに設置するアカデミー出身であることから、その移動要因を先進国と途上国との間の圧倒的な経済格差に求めることができる。つまり、「ハングリー精神」という言葉は、「南」から「北」へ向かう移民の姿にスポーツ選手の姿をなぞらえたものだといえよう。だが、こうした政治経済的な側面からのみ移民の発生要因をとらえる視点からは、移民個々の移住動機やそれに影響を与える社会的・文化的背景を見落とすことになる。結果として、「南」出身のスポーツ選手は、貧困から抜け出すために豊かな「北」にやってくるというイメージを生みだすことになったのである。

3 表象をめぐる政治

**「黒人」選手の
人種化と「パワー」**

　外国人選手の表象をより複雑なものにしているのが、皮膚の色にもとづく人種化である。人種化とは、（現

代科学では人種は生物学的実体をもたないことが明らかになっているにもかかわらず）特定の身体的特徴や能力によって境界線を引いて可視化させたうえで、「遺伝する」という語りによってその差異を自然で所与のものであるかのように固定化させていく行為を指す（竹沢 2016：i）。

　スポーツにおける人種化の対象にされてきたのは黒人選手たちである。川島浩平は、一般に流布している「黒人の身体能力は生まれつき優れている」というステレオタイプ（⇨第 14 章キーワード）的な主張がアメリカにおいていかに構築されてきたのかを検証し、19 世紀末に成立した人種隔離体制では黒人選手は「不在」もしくは「不可視」の状況に置かれていたが、義務教育やキリスト教による支援活動がスポーツ参加の場を提供するようになったことで、1930年代以降、陸上競技や 3 大スポーツ（野球・バスケットボール・アメリカンフットボール）において黒人選手が急増し、結果としてこの時期に「黒人」の身体能力に関する生得説が現れ、ステレオタイプが生成されたと指摘している（川島2012）。

　その後、アメリカでこのステレオタイプが強化されていったのは、黒人選手の活躍の場が特定の競技に限定されていたことに起因する。たとえば、ゴルフやテニス、そして水泳競技では長らく黒人選手が「不在」だったし、逆に陸上短距離走やボクシングの重量級、NBA では黒人選手が長らく中心的な存在でありつづけていた。つまり、多くの競技から締め出されることで、必然的に限られた競技における黒人選手の独占を生みだし、見る側に黒人選手の身体能力が優れているというイメージを植えつけることになったのである。

日本における
「黒人」表象の流通

アメリカで生成された言説（⇨第 4 章キーワード）が日本に定着するきっかけになったのも、メディアによる影響が大きい。オリンピックの陸上短距離走やボクシング、アメリカ 3 大スポーツで黒人選手が活躍する姿が映像を通して伝えられ、人種化を前提としたメディア表象を通して、強化されてきたと考えるのが妥当であろう。

　とりわけ、明治以降、「単一民族＝単一国家」イデオロギーにもとづく近代化が進められた日本では、「日本人の血」言説に代表されるように生得的に与えられた本源的紐帯（血縁、性、身体的特性、社会的出自、言語、慣習など）を絶対視

する傾向が強かった（松田 1992：25）。「人種」概念を受け入れやすい土壌が整っていたことに加え、日常生活で「黒人」と接することの少ない日本人が、メディアを介して流通する「黒人の身体能力は優れている」との言説を躊躇することなく受け入れたことは想像に難くない。

　さらに、世界中から移民を受け入れてきたアメリカとは異なり、エスニック・マイノリティの多様性に意識的ではなかった日本では、褐色の肌をしているドミニカ人選手を「黒人」カテゴリーにあてはめてきた。その結果、南北格差に起因する貧困イメージを表す「ハングリー精神」と黒人選手の身体能力の高さを強調する「パワー」というふたつの異なる言説が交錯する複雑な「まなざし」を帯びた記事が生まれることになったのである。

不均衡な表象

　近年になり、外国人選手の表象は、欧米や日本で高まりをみせる排外主義やポピュリズムと結びつくことで、より暴力性を帯びるようになった。サッカーのスペインリーグでブラジル出身の選手に観客席からバナナが投げ込まれた事件やモンゴル出身力士の言動への過剰なまでのバッシングなどが記憶に新しい。こうした反応は、グローバル化により、近代が創りだした国民国家の枠組みが揺らぐことで、社会に不安や不確実性が蔓延した結果、その元凶としてマイノリティが標的にされるようになったものだといえる（アパドゥライ 2010）。

　一方、標的にされる外国人選手が、（SNSによる発信も含め）メディアを通じて反論することは二重の意味で困難である。そもそもスペイン語を母語とするバティスタ選手が通訳を介さずに、日本社会の反応を正確に理解したり意見を表明することが難しい点があげられる。また、仮にバティスタ選手が自身の経験や思いを語ろうとしても、これまで述べてきたような外国人選手への「まなざし」を生みだす背景（さらにはこの「まなざし」）が原因で、日本社会に正しく理解されることは難しい。先進国のメディアが、そもそもマイノリティの声を無化する構造を前提に成立している以上、オーディエンスの多くが外国人選手の語られ方に違和感をもつことは限りなく不可能に近いといえよう。

ワーク2

　【ワーク1】で選んだ事例（言説）は、どのような背景から生みだされたの
かを各自考えたうえで紹介しあい、表象の特徴が共通するものをグループ化
し、簡潔なタイトルをつけてみよう。

4　フィールドワーク的思考

異文化の「パッケージ化」　　これまで外国人選手をめぐる言説がいかに構築され
てきたかを概観してきたが、最後にフィールドから問
いを立ちあげる人類学の立場から、どのようにすれば外国人選手を貧困や人種
化されたイメージにとらわれずに描くことかできるのかについて考えてみたい。

　飯田卓は、アフリカ南東部の島国マダガスカルの漁村生活に関する日本のテ
レビ・ドキュメンタリー番組が、事実（町に出ていく漁師よりも、町から村に住みつ
いて漁をはじめる者の方が多い）とは異なるナレーション（漁師の生き方を捨て、町に
暮らす人々が増えるなかで漁師を選んだのは、海と家族に対する思いがあるから）を挿入
した要因を、日本の視聴者の嗜好にあわせた「既知の語り口」にそって映像を
配置しようとしたためにほかならないと指摘し、それを撮影地の文脈が軽視さ
れる過度な「異文化のパッケージ化」と呼んだ（飯田 2004：142, 148）。

　バティスタ選手の記事は、ドミニカで取材をすることもなく、「貧しいドミ
ニカからやってきて頑張っている」という日本の読者が望む「既知の」イメー
ジにあてはめたといえる。こうした語りが悪意からではなく、むしろ実態を知
らない素朴な人々の善意から生みだされているところに、異文化表象の問題を
見えにくくさせている原因があるといえよう。

　さらに飯田は、メディアが他者の経験を間接的に伝えるという本来の役割を
軽んずる傾向にあるとしたうえで、視聴者による自己確認のための素材を異文
化社会に求める結果、世界じゅうに存在するさまざまな問題から視聴者の目を
そらさせる危険性をはらんでいるとも指摘している（飯田 2004：149）。本章に
即していえば、私たちの目に届かなかったのは、南北格差の現実とそれを生み

だした植民地支配の歴史であり、根深い人種差別の実態である。

現地の文脈を理解する　　メディアによる「異文化のパッケージ化」は、事前に用意したストーリーに素材をあてはめる行為ともいえるが、人類学者は現地で拾い集めた素材を現地の文脈に沿って記述しようと試みる。この方法はフィールドワークと呼ばれるもので、異文化に長期間滞在し、現地の人々とともに暮らしながら、その社会を理解するというものである。現地の人々と暮らすということは、彼らが話す言葉を習得し、同じものを食べ、同じように振る舞うことを意味する。そのため、はじめて遭遇する出来事により新鮮な感動をもらうことが数多くある一方で、怒りや苦悩により、誰とも言葉をかわす気力を失うこともある。そうではないときでも、常に異文化で暮らしている違和感が身体中にまとわりついて離れることがない。

　だが、フィールドワークの重要性はここにある。調査者が既知の世界（自文化）から未知の世界（異文化）へと生身の身体を投げ出すことで、現地の人々すら意識していない領域（現地の文脈）を理解することが可能となるからだ。さらに、この未知の世界（異文化）での経験が、それまでの調査者の思い込みを取り払い、既知の世界（自文化）のなかに埋もれていたものを浮かびあがらせるのである。こうした探究のプロセスは、事前に準備した枠組み（自文化の文脈や既存の理論）に沿って、現地で素材を集める行為からはもっとも遠い場所に位置しているといえよう。佐藤知久は、こうした人類学的営みを哲学者の鷲田清一との対話から着想を得て、以下のように述べている。

　　かれらはそこにおいてこそ考えることができる何かがあるから、フィールドへ旅立ったのだ。そしてフィールドにおいて、自分自身の初期設定をもう一度とらえなおし、かれらの問題としてではなく、かれらをふくむわれわれの問題として、人類学的思考をつむぎだしているのである。

　　同様にあなたもまた、自分自身が問いたずねたい問題について考えるのに適した場所を見つけること、だ。それはあなたにしかできないし、私はそれを待つのみである。

（佐藤　2015：39）

　メディアによる「既知の語り口」を自明のものとして受け入れてしまう前に立ち止まり、それがどういった背景のもとで生成され、どのような問題を孕んでいるのかについて想像力を働かせる必要がある。そのうえで、実態ははたしてどうなのかを自分の足で確かめてみよう。その経験はきっと、あなたを未知の世界へと導いてくれるはずだ。

ワーク3

　【ワーク1】で取り上げた事例は、誰についてのどんな表象が、誰の手によって生みだされ、どのように流通し（あるいは利用され）、それが誰に対してどのような影響を及ぼしているのかについてまとめてみよう。

キーワード

異文化表象

表象とは抽象的な観念を具体的な物で表現することを指すが、異文化表象は、他者を自己と異なるものとして理解しようとするものである（「表象」については序章キーワードも参照）。ポスト・コロニアル論争のなかで、人類学者が調査地の文化を表象することの正当性が問われたのは、人類学者の記述が、調査地の文脈を離れ、学会や自分が所属する社会に向けて脱文脈化されていたことによる。

南北格差

地球上に存在する先進国と途上国間の経済格差を示している。西洋による植民地支配が生みだした問題だが、新自由主義経済がグローバル化の進展にあわせて世界各地に浸透することで、ますます両者の格差が固定化されている現状がある。

スポーツにおける人種化

特定の身体的特徴を有するスポーツ選手を生得説にもとづきステレオタイプ化する行為を指す。そのほとんどが、「黒人」選手をめぐる他者表象に用いられるが、「黒人」選手自身が黒人至上主義の文脈で使用するケースもある。その自己表象が流通することで、人種化にもとづく他者表象が再生産されることにもつながる。

ブックガイド

森田浩之『メディアスポーツ解体──〈見えない権力〉をあぶり出す』日本放送出版協会、2009 年

メディアとスポーツが結びつくことで巨大な権力が生みだされたが、オーディエンス（⇨第13章キーワード）側には「見えない権力」として意識すらされない。具体的なメディアの語り口を事例に、ナショナリズム、神話、ジェンダー、ヒーローなどのテーマに分けて、その権力をあぶり出している。

川島浩平『人種とスポーツ──黒人は本当に「速く」「強い」のか』中公新書、2012 年

アメリカ・スポーツと「黒人」の関係について、「不可視」の時代から特定の競技での「優越」の時代に至るまでをたどるなかで、「黒人」の身体能力に関する生得説がいかに現れ、ステレオタイプが生成されていったかを論じている。

アブー＝ルゴド、L.『ムスリム女性に救援は必要か』鳥山純子・嶺崎寛子訳、書肆心水、2018 年

9.11 以降の欧米において新たな常識となった「ムスリム女性は抑圧されている」との言説を、人類学者として長年ムスリム女性たちの人生に寄り添ってきた経験から批判的に読み解く。はるか遠い場所から発せられる実態とは乖離した「ムスリム女性の権利」という表象が、どのように政治利用されてきたかを丁寧に描いている。

第**10**章

クールジャパンって本当にクールなの？
——国家ブランディング、グローバル化、セルフ・オリエンタリズム

大山真司

1 クールジャパンとは何か

グロス・ナショナル・クール　本章では、この 2000 年代初頭に誕生し、今や多くの人が知るキーワードとなった「クールジャパン」について取り上げる。クールジャパンはまずは、マンガ、アニメ、ファッション、キャラクター商品、ポピュラー音楽などの日本文化が海外、特に欧米でかっこいいと言われている、とする言説である（言説とは、言われたことや書かれたことの総体で、現実を反映すると同時に現実をつくりだすもの。第 4 章キーワードも参照）。つづいてそれを根拠にそうしたポピュラー文化を、戦略的に輸出産業として育て、また同時に国家イメージ向上のために**国家ブランディング**のツールとして活用しようという政府の施策、あるいは企業による輸出ビジネスを指す。

　きっかけは D. マグレイというアメリカ人ジャーナリストが書いた「グロス・ナショナル・クール」という記事であると言われている（McGray 2002）。その記事は GNP（グロス・ナショナル・プロダクト＝国民総生産）、つまり日本の経済は停滞しているけれども、世界の消費者にアピールする日本文化のクールさは高まっている、という記事であった。これに、バブル以降長引く経済低迷によって閉塞感が漂っていた日本のメディア、官僚、企業が飛びつく。メディアでは頻繁にクールジャパン特集が組まれ、日本アニメやファッションなどの海外での人気が大いに誇張して伝えられた（大塚・大澤 2005）。

　こうした流れに乗って、経済産業省は 2010 年 6 月、「クール・ジャパン室」

を設置する。さらに 2013 年 11 月には、2019 年 9 月現在出資金 863 億円規模の官民ファンド「クールジャパン機構」を設立し、海外に進出するクールジャパン関連企業への支援を開始した（クールジャパン機構ウェブサイト）。

クリエイティブ産業　　クールジャパン政策は、グローバルな文脈でいえば、映画、テレビ、ファッション、メディアコンテンツなど、クリエイティビティを通じて富と雇用を生産する「クリエイティブ産業」振興政策であるといえる。先進国共通の問題である製造業の海外移転によって失われた雇用を創出し、新たな経済成長の源泉になるとされるクリエイティブ産業は、多くの国で注目されてきた。

　これらの産業は、アメリカやイギリス経済の 5 ％に相当し、経済全体を上回る速さで成長し、雇用を創出していると言われている（Hartley ed. 2005；後藤 2013；毛利 2014）。日本でも、家電などの製造業が、世界的な競争力を失いつつあるなかで、こうした新しい産業が新たな輸出や雇用を創出し、また日本の対外イメージを向上させるという国家ブランディングの観点から注目されているのである。

　日本製の文化、コンテンツが人気を博しているのなら喜ばしく、それが輸出につながり、「国益」にかなうなら、非常によいことのように思える。誕生以来多くの注目を浴びてきたクールジャパンに対しては、一連の政府のポピュラー文化輸出支援策がうまくいっているのかどうか、という視点からの報道は数多くある。

　本章ではそうした成功の程度ではなく、メディア・文化研究という学問領域特有の問題意識、理論的視点から、クールジャパンがどのようにとらえられるかを考えてみよう。本来文化は国家の枠組みに収まりきらない複雑なものであるにもかかわらず、クールジャパンという概念は通常、文化を日本という国家の経済的利益や政策にばかり関連づけてとらえようとするからだ。

　まずクールジャパンを世界的なクリエイティブ産業言説のなかでどのようにとらえられるか、つづいてクールジャパン言説のなかで日本文化はどのように描かれているかを考えてみよう。さらに、日本発のポピュラー文化は**グローバル化**する文化のなかで、どのように生産・流通しているかを示す。これらを踏

まえ、最後にクールジャパンへの注目のなかで私たちが失ってしまっている視点について考察する。

2 クールジャパンの日本表象

世界が買いたがる
日本？

　クールジャパンがどのように表象（⇨序章キーワード）されているのかを、いくつかの事例を通じて具体的にみてみよう。比較的初期の 2006 年、コンテンツ制作に特化したデジタルハリウッド大学の学長であった杉山知之が書いた『クール・ジャパン——世界が買いたがる日本』というタイトルの本の前書きでは、「文化と技術の融合した「新産業」が、少子高齢化や国家財政の行く末に不安を感じている現在の日本を、新しい次元へと牽引することは間違いない」と訴えている（杉山 2006）。こうした日本経済の救世主という位置づけは、クールジャパンの典型的な語りである。

　少し時代が下り、企業のトップ層に読まれている週刊誌『日経ビジネス』（2014 年 7 月 14 日号）は、28 ページにわたってクールジャパン関連の特集を組んだ。表紙には J ポップのきゃりーぱみゅぱみゅのライブ写真や「コンテンツ強国へ」「この“熱狂”を売れ！」という特集タイトルが躍っている。毎年 20 万人以上を集めるパリの日本文化の総合イベントである「ジャパンエキスポ」の様子を、NARUTO のコスプレに身を包んだ（白人）コスプレイヤーの写真とともに紹介し、日本のオタク文化の潜在的なファンは 3 億人を超えると紹介する。また、きゃりーぱみゅぱみゅの新作アルバムが世界 15 か国で同時リリースされたことが誇らしげに取り上げられている。

　しかしつづいて、「海外の若者に支持される日本のポップカルチャー。その熱気はしかし、全体として大きな外貨獲得に結び付いてはいない」と嘆き、「だが、日本は遅きに失したわけではない。外国人の熱狂は高ぶるばかりだ。今こそ「コンテンツ強国」へ」「追い風は吹いている。成功の萌芽も随所にある。本気になればこれほど有望な産業はない。いざ、世界へ」と締めくくってみせる。

　ここで取り上げた例はわずかだが、さまざまなクールジャパン関連の報道分

析が明らかにするのは、「世界が買いたがる日本」「この熱狂を売れ」というタイトルに象徴されるように、クールジャパンで取り上げられる文化は徹底して商品化して海外に売れるものであるということだ。コンテンツ大国、コンテンツ強国といった用語から容易に想像されるように、クールジャパンには、列強に伍し、経済的な国益に貢献することが第一義的に求められ、その目的に適う文化のみが選び取られていく様子が見てとれる。先述の『日経ビジネス』の記事でも空中戦、地上戦など戦争のメタファーがふんだんに使われ、日本と世界という対決の構図が鮮明に描かれている。

クールジャパンの
なかの日本文化

クールジャパンのなかで描かれる日本文化はどのようなものだろうか。クールジャパンの流行以来、日本文化の外国での人気を紹介し、自画自賛する番組が人気を博している。

なかでも 2006 年放送開始の長寿番組で、国際放送 NHK ワールドでも放送されている NHK の『COOL JAPAN——発掘！　かっこいいニッポン』はその元祖ともいえる番組である。スタジオでは 8 人程度の日本在住一般外国人が、司会の劇作家・演出家である鴻上尚史とタレントのリサ・ステッグマイヤーと一緒に、日本の日常的な生活文化について調べ、それが「COOL」かどうかを問う、という形式になっている。番組ホームページによれば、コンセプトは以下のようだ。

> ファッションやアニメ、ゲーム、料理など、私たちが当たり前と思ってきた日本のさまざまな文化が外国の人たちには格好いいモノとして受け入れられ、流行しているのです。……外国人の感性をフルに活かして、クールな日本の文化を発掘して、その魅力と秘密を探ろうという番組です。　　　　　　　　　　　　　　　　　　　　　（NHK）

取り上げられた日本の文化はたとえばマンガ、ギャル、2.5 次元といったサブカルチャーから、2019 年には粉もん、おじさんなど、とにかくなんでもありという様相を呈している。

番組構成は違うが、TBS の『所サンのニッポンの出番』、テレビ朝日の『スゴ〜イデスネ!!　視察団』なども、同様に外国人たちの視点を通して、比較的

日常的な日本文化の魅力、格好良さ、あるいは「スゴさ」を再発見するという構図になっている。

　共通するのは、クールジャパンのなかで表象される日本文化は、一貫して外国人、特にスタジオの外国人の過半数を占める西洋人の視点から照射された日本文化であるということである。「COOL JAPAN──発掘！　かっこいいニッポン」という番組のサブタイトルにも明確に見てとれるように、クールジャパンにおいては、日本文化の魅力とは外国人によって発掘、発見されるのであり、司会の鴻上が番組の最後にスタジオの外国人に「COOL or not COOL？」と問いかける構成に端的に表れているように、クールジャパンがクールかどうかは、最終的には常に外国の承認を必要とするのである。

セルフ・オリエンタリズム

　ここにはクールジャパンという日本文化表象がもつ**セルフ・オリエンタリズム**的な性格が色濃く現れている。「オリエンタリズム」という概念は、E. W. サイード（1993）によれば、東洋（オリエント）に対して、西洋がつくり上げ強制した、植民地主義的で差別的な思考の総体を意味する。オリエンタリズムのなかでは、東洋は西洋とはまったく異なる絶対的な他者として描写され、神秘性、受動性、官能性、残虐性といった東洋イメージは、西洋の中立性・優位性を保証すると同時に、現実の植民地（的）支配を正当化する根拠としても利用されたのである。

　オリエンタリズムは基本的には西洋から非西洋への押し付けだが、表象される当事者である非西洋が、みずからに向けられるオリエンタリズムのまなざしを内面化し、そのパターンに沿ったかたちで自己表象してしまうのがセルフ・オリエンタリズムである。たとえば海外での公演で日本の女優やアーティストがオリエンタル風のメークや、真っ黒の髪に前髪パッツンのヘアスタイルに変えたり、スポーツの日本代表チームがサムライのイメージを多用するのもセルフ・オリエンタリズムであるといえる。

　クールジャパン以降の日本では、それ以前にセルフ・オリエンタリズムがおうおうにしてもっていたシニカルな批評性は薄れ、マンガ、アニメ、しゃべるトイレに囲まれた奇妙な日本人を本気で演じてしまっているという状況が生まれている。クールジャパンで表象されている日本は、徹底的に欧米のオリエン

タリズムに迎合したセルフ・オリエンタリズムなのである。

> **ワーク1**
>
> 　メディアで見つけたクールジャパン的な言説を三つ挙げ、商品化、文化的表象などの側面から分析してみよう。

3　グローバル文化における生産と流通

トランスナショナル化する文化生産　クールジャパンのなかでは、日本文化とは日本人によって主に日本国内で生産された文化商品で、基本的には日本人、日本企業によって配給され（るべきで）、現地の消費者はそれを明確に日本からやってきた文化として意識的に消費するであろうという前提があるように思われる。しかし、多くの文化消費に関する研究が示しているように、私たちがメディアコンテンツ、ファッション、音楽などを消費者として楽しむ際に、特定の原産国のものだけにかかわるということは考えられず、原産国を知らないことも珍しくはなくなっている。

　クールジャパンの戦略分野であるファッションから例を挙げてみよう。たとえば、あるファッションブランドがフランスで生まれたとしても、ブランドやその洋服がもつ意味は、一人ひとりによって異なるものだろう。さらに文化のグローバル化の一つの特徴は、モノやヒト、お金やイメージなどがナショナルな枠組みからはみ出し、それぞれが相互依存しながらも、一緒ではなくばらばらの方向にばらばらのスピードで移動するという様相にあるといわれる（アパデュライ 2004）。

　たとえば KENZO は兵庫県出身のファッションデザイナーである高田賢三がパリで創業したファッションブランドだが、1993 年にフランスの巨大ブランド企業である LVMH に売却されている。2012 年に就任した現在の KENZO のクリエイティブディレクターは、ニューヨークの「オープニングセレモニー」というセレクトショップの創業者である H. リオンと C. リム。リオンはペルー出身の母と中国出身の父親に、シンガポール生まれのリムは韓

国人の両親に、ともにロサンゼルスで育てられ、カリフォルニア大学で出会っている。一時勢いを失っていた KENZO は、二人のもとでラグジュアリーとストリートを組み合わせたブランドとしてふたたび勢いを取り戻した。そしてそのきっかけになったのは、アメリカのメジャーリーグ・ベースボール唯一の公式キャップで、ストリートファッションのアイコンでもあるニューエラキャップ社とのコラボだと言われている（森井 2017）。

新しい国際的文化生産分業体制　映像の世界に目を転じれば、クールジャパンの代表格である日本アニメにもっとも積極的に投資をしているのは、アメリカの動画配信企業であるネットフリックスだ。世界の 200 か国以上でサービスを提供する、歴史上もっともグローバル化したメディア企業（Lobato 2019）であるネットフリックスは、世界的なコンテンツ戦略のなかでアニメを重視し、日本でも数多くのオリジナルアニメを制作している。

　たとえば 2018 年に永井豪原作の『DEVILMAN crybaby』を全世界で配信開始。2019 年 4 月には、円谷プロ原作のテレビシリーズで広く知られるウルトラマンのアニメシリーズ『ULTRAMAN』13 話を世界同時独占配信した。また整理整頓で有名になった近藤麻理恵の『KONMARI』を制作・配信し、世界中で大きな話題を呼んでいる。

　こうした事例に典型的に表れているように、現在起こっているグローバル文化の生産・流通は、ヒト、モノ、カネ、メディアの流れが国境を大量に、ばらばらに横断していく複雑なものになっている。そのなかで、クリエイティブ産業間の国境を越えた連携はますます加速・深化しており、T. ミラーが言う新しい国際的文化生産分業体制を構成している（Miller 2005）。クールジャパンというナショナルな言説は、実際に起こっているグローバルな文化・経済の複雑なプロセスの理解を妨げ、あるいはすでに進んでいる複雑なプロセスを、整然としたナショナルな構図に再編制することが望ましいような印象を与えてしまい、生産的な考え方であるとは思えない。

ワーク2

　本文中で取り上げた KENZO やネットフリックスのアニメのように、グローバルな文化的生産の複雑さを示す実例を挙げてみよう。

4　クールジャパンの問題点

　クールジャパンは、商品化しやすいかどうかをほぼ唯一の基準に文化を再定義し、それ以外のものを切り捨ててきた。その過程では、クールジャパンの主な市場であると想定されている西洋のまなざしに媚びたセルフ・オリエンタリズム的な日本文化表象を一般化してきた。加えて文化商品のグローバルな生産・流通・消費の複雑さを単純化し、依然としてナショナルな語りを定着させている。そればかりか、クールジャパンが本来の目的である文化商品輸出の増加、国家イメージの向上という目的を果たしているかに関しても否定的な分析・意見が増えている。

　ここでは、クールジャパンが一般化させてきた文化に関する語り方が、日本の言説空間にもたらした影響について簡単に考察し、本章を終えたい。その影響を端的にいえば、クールジャパンが一般化した 20 年弱の間に、日本文化、特にそのグローバルな文脈での語られ方、想像のされ方が、驚くほど単純、そして貧弱になったことではないだろうか。

　たとえばリオ・オリンピックの閉会式での、次期開催都市である東京のセレモニーでは、世界的に知られているアニメのキャラクターであるキャプテン翼やドラえもん、ハローキティ、スーパーマリオなどが登場し、最後はマリオに扮した安倍晋三首相が、ドラえもんが四次元ポケットから取り出したドリル付きの土管を通って、地球の反対側のリオに登場するという演出で話題になった。この様子を各メディアは、いっせいに「クールジャパン」強調と報じている。

　このリオの演出に関しても、そして東京オリンピックの開会式に向けて進んでいる演出、出演者などに関する議論も、アニメ、マンガ、アイドル、ロボットなど、すでに手垢のついたクールジャパン的なものに完全に乗っ取られてし

まったように見える。また、グローバル化という文脈のなかで文化を語る方法も、海外市場で、あるいは外国人観光客に売れるかどうか、という視点が完全に支配的になっている。

　私たちは、どうすればクールジャパン的な日本文化のイメージから逃れ、商品化されることのない、多様で多くの場合周縁的な人々、多元化する日本社会の姿、複雑化する文化の様相を後景化しない日本文化の姿を想像することができるだろうか。

ワーク3

　本章で指摘したクールジャパンの問題点を踏まえ、クールジャパンに代わるどのようなオルタナティブな表現があるか、数名ずつのグループに分かれてディスカッションしてみよう。

キーワード

国家ブランディング

　　ブランディングの手法を国家に応用し、国家のイメージを向上させることを目的とする試み。多くの国が取り組む背景には、国家が実際に行うことと同等かそれ以上に、ブランドというシンボリックな価値が大事になっているという状況がある。独自性があり、魅力的な国家イメージは、輸出製品の付加価値を高めると同時に、観光客、才能ある移民、投資などを惹きつけ、対外的な文化的・政治的影響力を増大させることができると信じられている。

グローバル化

　　経済、政治、文化、社会の国境を越えた統合と相互依存が飛躍的に進行している事態を指す。特に国境を越える企業活動が、世界の市場を単一にすることを指向している。文化のグローバル化は、以前はアメリカ文化が世界中に浸透するプロセスであると理解されていたが、現在ではたとえば日本文化のアジアへの浸透や、韓国文化の欧米での消費にみられるように、より多極的な文化の流れもみられる。グローバル文化がさまざまなローカル文化と出会うことで緊張関係を産み出すと同時に、新しいハイブリッドな文化を世界中でつくりだしている。

セルフ・オリエンタリズム

　　オリエンタリズムとは、西洋による東洋に対する差別的な思考の総体である。これは基本的に西洋から非西洋への押し付けだが、表象される当事者である非西洋が、それに対して反発するのではなく、迎合あるいは内面化し、そのパターンに沿ったかたち、あるいはさらに誇張するようなかたちで、自己表象してしまうのがセルフ・オリエンタリズムである。

ブックガイド

三原龍太郎『クール・ジャパンはなぜ嫌われるのか——「熱狂」と「冷笑」を超えて』中公新書クラレ、2014 年

　　経済産業省のクール・ジャパン室立ち上げ時の担当者で、現在退職して文化人類学の研究者に転身した著者が、クールジャパン政策の背景、海外の事例などをわかりやすく説明している。

岩渕功一『文化の対話力——ソフト・パワーとブランド・ナショナリズムを越えて』日本経済新聞出版社、2007 年

　　クールジャパン、ソフトパワーに関する議論のなかでは、文化はナショナルな構図に押し込まれ、常に国益に結びつけられていく。本書は、こうした市場力学と文化政策論議を今日の多文化状況のなかで批判的に検討し、文化本来の対話力に目を向けることを訴えている。

ナイ、J.S.『ソフト・パワー——21 世紀国際政治を制する見えざる力』山岡洋一訳、日本経済新聞社、2004 年

　　ソフトパワーとは国家が軍事力や経済力を背景にした強制力によらず、その国の有する文化や政治的価値観、政策の魅力などに対する支持や共感を得ることにより、国際社会からの信頼や、発言力、みずからへの支持を獲得しうる力のことである。ナイのソフトパワー概念は日本のクールジャパン政策のなかでも頻繁に参照されている。

第**11**章

K-POP は誰のものか？
——文化コンテンツの越境、ポピュラー音楽のジャンル、ファン文化

喜多満里花

1　トランスナショナルな文化交通

越境する
ポピュラー文化

現代社会において、他国の文化コンテンツは簡単に消費することができる。日本にいながら、アメリカで発表された楽曲も、イギリスで放送されたドラマも、ほぼタイムラグなく楽しむことができる。同様に、日本のアニメやゲームも国境を越えて消費されている。

　本章では、こうした現代のトランスナショナルな文化交通（cultural traffic）について、多角的な視座から考えてみたい。日常で当然のこととして経験する**文化コンテンツの越境**は、どんなアクターがかかわって形成された現象であり、それが国内外でどのような意味をもつかについて、日本における K-POP の事例を通してみてみよう。

K-POP とは？

K-POP とはどんな音楽を指すか説明できるだろうか。近年は TWICE や BTS といったアイドルグループが日本でも人気を博しているため、好きかどうかにはかかわらず聞き馴染みのある言葉だろう。K-POP とはそうしたアイドル音楽を含む「韓国大衆音楽」を指す**ポピュラー音楽のジャンル**で、日本だけでなく世界中で使われている言葉だ。

　しかし、K-POP は韓国においてもともと存在した音楽ジャンルではない。

韓国語ではそうした音楽のことを「カヨ（歌謡）」という。K-POP という言葉がいつから発生したか、誰がつくったかには諸説あるが、おおむね 1998 年頃にできたとする見解が一般的である。1997 年に IMF 通貨危機がアジア経済を直撃し、韓国も不景気に見舞われた。そうした状況のなかで、ベンチャー企業がポピュラー文化コンテンツの輸出を積極的に行うようになる。最初は中国に、次に日本に韓国のポピュラー音楽は広がっていくのだが、その際に入っていった国でその音楽を指す言葉として「K-POP」という呼称が生まれたといわれている。つまり、K-POP は「他者が呼称したものであり国境を越える、いわゆる越境的実践の産物」（シン 2010：50）なのである（K-POP の成立や現況については、金（2018）も詳しい）。

　現在、K-POP は全世界に輸出されており、それにともないアイドルやつくり手の多国籍化も進んでいる。時にグループの半数が中国人のメンバーである場合もあるし、2017 年には全員非韓国人の EXP EDITION という「K-POP」グループが、韓国デビューして話題になった。また欧米の最新の流行を取り入れるため、欧米のクリエイターに楽曲制作を依頼することも多々ある。日本での韓国アイドルの活動のように、現地語で歌唱する現地化戦略をとっている場合もあり、どのような要素をもってしてその音楽を K-POP と分類するべきなのか、判断しづらくなってきている。しかし本章においては、ひとまず韓国で発表された大衆音楽や、また主に韓国で活動するアーティストが歌唱する音楽のことを K-POP と定義する。

ワーク１

　あなたがもつ K-POP のイメージ、またそのようにイメージした理由について書いてみよう。

日本における
K-POP

　【ワーク１】を他の人と共有してみよう。どんな K-POP のイメージがあっただろうか。たとえば、K-POP のファンであり音楽や韓国という国に好感をもっている人、K-POP を最新のかっこいい音楽だと感じる人もいれば、どこか懐かしい感じがすると

答えた人もいるだろう。もちろん K-POP が嫌いで好意的でないイメージをもっている人もいたと思う。

　そうしたイメージというのは、自分が完全に自由につくり上げたものではなく、いろいろな社会状況や人や集団の影響を大きく受けてつくられていくものだ。以下では、そうした日本での K-POP イメージを形成するさまざまな要因について考えたい。

　日本に韓国のアイドル音楽が流通するようになったのは、1990 年代後半である。1998 年に SM エンターテインメント（以下、SM とする）が、女性アイドルグループの S. E. S. を進出させた。商業的成功はしなかったが、この失敗を受け SM は日本では徹底的な現地化戦略を採用することとなる。現地化戦略を採用した歌手として最初に日本進出したのは女性歌手の BoA であり、彼女は 2002 年にオリコンウィークリーチャート 1 位やミリオンヒットを達成した。また、同年サッカー W 杯が日韓で共催され、2004 年には大ヒットしたドラマ『冬のソナタ』をきっかけにドラマを中心とした「韓流ブーム」が起こるなど韓国の大衆文化コンテンツの流通が盛んになった。音楽分野では、2005 年に 5 人組男性アイドルの東方神起が日本デビューした。彼らもまた 2008 年にオリコンウィークリーチャート 1 位を獲得するなど商業的成功を収めた。

　一度韓国大衆文化ブームは沈静化するが、2010 年頃から BIGBANG や少女時代、KARA などの日本進出を受け、ふたたび K-POP を中心とした韓国大衆文化ブームが起こる。こうした流行は最初のものと区別するために「ネオ韓流」や「韓流 2.0」「新韓流」と呼ばれる。

　そして現在、SNS や動画サイトの普及を背景に BTS や TWICE などさまざまな韓国アーティストが人気を獲得している。今や K-POP は単なるブームを越えた音楽の一ジャンルとして定着したと言われるほどだ。

2　K-POP を越境させているのは誰か

芸能プロダクションと　　　　K-POP が日本に輸入されるとき、大きな役割を果
メディア　　　　　　　　たしているのは、主に以下の三つのアクターである。

　まず、芸能プロダクションやメディアなどの民間企業である。韓国の芸能プ

ロダクションはそれぞれに海外事業部や海外支社を持っており、国内の販促の
みならず海外への輸出を精力的に行っている。こうした会社はインターネット、
特に SNS や動画サイトなどを巧みに利用し、自社の音楽を越境させる。また
海外でのコンサートも精力的に行っており、コンテンツだけでなくアーティス
ト自身の越境も促している。

　アーティストが所属する会社だけでなく、エンターテイメント事業者や放送
局などのメディアも自社コンテンツを売るために、グローバルにマーケティン
グを行い国境のない流通を促している。

　こうした民間企業は、いうまでもなく自社の利益のために K-POP を流通さ
せようとしている。そのため企業の活動内容や経営者のインタビュー記事など
を分析すると、K-POP の消費を盛んにさせようというよりは、アーティスト
やコンテンツの自社の独自性をオーディエンス（⇨第 13 章キーワード）にアピー
ルすることで自社のファンを獲得しようとしていることがわかる。膨大に流通
する K-POP のなかで埋もれてしまわないために、自社の音楽性やダンス表現
などを追求しているのだ。【ワーク１】で「私は K-POP というよりも特定の
グループが好きだから印象はない」や「K-POP といっても多様で一つの印象
では語れない」と答えた人は、こうした企業努力を考えると当然の反応である
ともいえる。

　　　国家ブランディング　｜　では、「K-POP」としてのイメージを築くことを重
　　　　　　　　　　　　　　視しているのは誰か。それは国家である。K-POP の
K は Korea の K であることはいうまでもない。第 10 章でも述べられているよ
うに、日本のアニメやマンガなどのコンテンツはクールジャパンとして日本イ
メージを海外で構築するのに役立っている。それと同様に、K-POP もまた韓
国イメージの重要なソースとなっているのだ。

　韓国政府も国家ブランディング（⇨第 10 章キーワード）政策の一環として、他
国でポジティブな韓国イメージを築くために、また輸出や観光増進から得られ
る経済的国益のために、文化コンテンツの輸出や企業の海外進出を積極的に支
援している。2000 年代後半から、政府のインバウンド観光キャンペーンや対
外広報で、K-POP アイドルが多く起用されてきた。2018 年 平昌 オリンピッ

クでは、開会式や閉会式でアイドルの楽曲やパフォーマンスが採用されている。

　これらのことからK-POPやアイドル文化が韓国を代表する文化として、現代の韓国を表象（⇨序章キーワード）するものとしてみなされていることがわかる。読者のなかにもK-POPを好きになることで、韓国に良いイメージをもつようになったり、何度も韓国旅行へ行くようになった人もいるだろう。それこそが国家ブランディングを通して国家が企図していることなのである。

ファンによる拡散

最後のアクターはファンである。ファンは企業や国家の努力によって越境してくるコンテンツを、ただ受動的に消費しているのではない。ファンもまた独自の**ファン文化**をもち、K-POPの越境に貢献している（K-POPのファン文化については、『ユリイカ』2018年11月号で多く論じられている）。

　まず、これはK-POPファンのみにいえることではないが、SNSの発達により、ファンどうしの横のつながりが拡大し、またファンによる発信の機会も増加した。これにより、多様なコンテンツの拡散と消費が可能になった。またK-POPの場合は、韓国語が堪能なファンが言語の翻訳や文化的な解説を加えることで、言語的・文化的障壁をほとんど感じずにコンテンツを消費できる。こうしたファンは、コンテンツを通して韓国文化を日本に知らせる役目も担っている。

　そして、K-POPは日本の芸能文化とは異なり、コンサートや移動時の様子をファンが撮影することができる。そうした写真や映像は、主にファンカフェというコミュニティサイトを通して発表され、世界中に拡散していく。言い換えると、ファンもまたコンテンツをつくりだし、それを越境させているのである。

　近年、K-POPがアジア圏のみならず欧米でも多く消費されるようになったのは、SNSなどを巧みに活用した拡散戦略の賜物であるといわれているが、ファンもまたそうした拡散の一翼を担っているのである。たとえば、EXIDという女性アイドルグループが2014年8月にリリースした「UP&DOWN」という楽曲は、発売当初はヒットしなかったが、同年10月に、あるファンがYouTubeに自分で撮影したコンサートの動画をアップロードすると、SNSで

拡散され、チャート１位を獲得するに至った。現在、EXID は日本や中国でも
楽曲をリリースしており、まさにファンがアイドルを越境させた事例であると
いえる。

　以上のアクターは、K-POP をポジティブに利用したり楽しんだりするアク
ターである。しかし、時にはネガティブに使われることもある。次節ではその
ことについて考えてみよう。

3　なぜ K-POP は政治的に語られるのか

| 炎上マーケティング？ |

　日本における K-POP を考える際に、「反日」と切
り離して考えることはできない。【ワーク１】で
K-POP が嫌いだと答えた人のなかには、韓国の反日的な行為のために良くな
い印象をもっている人もいるだろう。

　下の画像は、Red Velvet という女性アイドルグループが 2014 年に発表した
「Happiness」という楽曲の MV（ミュージックビデオ）のワンシーンだ。楕円で
囲われた部分には、「JAPS HIT BY ATOMIC BOMB」など日本の原爆投下を
連想させる文言が記載されている。インターネット上で、非難の声に対し故意
ではなかったと釈明したうえで、現在はこのシーンを修正した MV が公開さ
れているが、このことでこの楽曲が注目を集めたのは間違いない。こうしたこ

「Happiness」
MV

MV 内の原爆投下を連想させるシーン（SM ENTERTAINMENT 2014）

とは珍しいことではないが、いったい誰が何のためにしているのかは明らかではない。日韓関係を利用した炎上マーケティングとも考えられるし、製作者個人の政治的主張の表現とも考えられる。K-POP がグローバルに拡散し注目されることは、このように、国際政治的な文脈に取り込まれていくという事態ももたらしている。

反日アイドルと無知なファン？

作品だけでなく、アイドルやファンも否応なく政治に回収されていく。たとえばアイドルが着用している服やアクセサリー、またアイドル自身や親族の言動が「反日」であると、インターネット上で批判されることは多々見られる。もちろん、彼らが自分の意思で「反日」を表明していることもあるだろうが、言動を曲解され韓国バッシングに利用される場合もあれば、「反日」を表現したい誰かによって利用されていることもある。ゆえに、目に見える言動のみで「反日」であるかないかを判断することは不可能であり、インターネット上では終わりのない議論が交わされている。

その際、アイドルや韓国だけでなく、日本の K-POP ファンも日韓の間にある政治的問題に無関心または無知であり、無批判に K-POP を消費していると非難されることがある。しかしながら、筆者の 2014 年のインタビュー調査によると、ファンはむしろ日韓関係に敏感であり、そのうえで音楽コンテンツとしての K-POP が政治的文脈に配置されることに疲弊している（調査内容は未刊行）。

ワーク2

　自分のもっている K-POP イメージがどのようにして構築されたものなのか分析してみよう。現在自分がもっているイメージができあがるきっかけはどのようなものだっただろうか。そして反対に、自分のイメージになかった要素はなんだろうか。本文を読んで気づいたことを書こう。

4　文化の越境は自由か

　これまで K-POP を通してみてきた、ポピュラー文化コンテンツの越境、つまり文化のトランスナショナルな流通は、決してナショナルな枠組みから自由になることではない。むしろ国家ブランディングや反日批判のように、越境することでナショナルな枠組みに強く惹きつけられ利用されさえする。とりわけ、日韓のように政治的・歴史的に複雑な背景をもつ国どうしでは、時に互いの文化を消費することに特別な意味を付与されたりもする。

　K-POP は誰のものか。誰かが自由に利用したり、消費したり、批判したりしてよいのか。この問いに答えはない。しかしポピュラー文化コンテンツがインターネットを通し、誰もが自由に流通、消費、言及することができる現代において、実はそうした流通が「ナショナル」で「不自由」な面をもつことをよく理解し、その不自由さについて考えることが重要である。

ワーク3

　K-POP で行われているような、ポピュラー文化コンテンツと政治的文脈を結びつけるバッシングについてどう考えるか。文化と政治は別ものとして扱われるべきだろうか。またそれは可能だろうか。自分の経験なども踏まえて、グループディスカッションしてみよう。

キーワード

文化コンテンツの越境

　インターネットの発達により、今やポピュラー文化コンテンツの流通や消費には国境がなくなったといえる。こうした文化の自由な往来や、またそれによる混交を文化交通という。しかし一方で、ソフトパワーなど文化のもたらすポジティブな効果を期待し、コンテンツの越境を利用しようとする国家ブランディングのような取り組みもある。そこでは反対に文化コンテンツがどこで生産されたかが重要な意味をもつ。

ポピュラー音楽のジャンル

　ポピュラー音楽は通常、クラシックや民俗音楽と区別される、市場での流通を中心とした20世紀以降の音楽の総称であるが、そのなかにも数多の細部化したジャンルが存在する。オルタナティブロックやEDMのように音楽スタイルでの分類もあるが、J-ROCKやK-POPのように生産や発表が行われた国や地域での分類もある。後者は、作り手や歌い手、言語のグローバル化が進むほど、何をもってそのジャンルに分類するかの基準があいまいになる。

ファン文化

　あるコンテンツのファンがどのような文化をもっているかは、若者研究やオーディエンス研究、ジェンダー論などさまざまな視座から関心をもたれている。ファンをある文化現象の担い手としてとらえ、彼らの意味世界を理解することは、文化研究にとって大きな意義をもつ。

ブックガイド

陳怡禎『台湾ジャニーズファン研究』青弓社、2014年

　台湾のジャニーズファンを事例にインタビュー調査からファンの趣味縁に基づいた親密圏の形成についての研究。読みやすく事例も身近であり、インタビューやフィールドワークを通してファン研究をしてみたい人には参考になる一冊。

石井健一・小針進・渡邉聡『日中韓の相互イメージとポピュラー文化——国家ブランディング政策の展開』明石書店、2019年

　日中韓という政治的・歴史的に複雑な背景をもつ国々が、互いの文化コンテンツをどのように消費し、またそれにより相互認識にどのような変化が生じているのかについて、多様な事例を用いて論じている。またポピュラー文化と国家ブランディングの関係についても詳しく論じている。

毛利嘉孝『増補　ポピュラー音楽と資本主義』せりか書房、2012年

　商品として流通する音楽についてどのように考えることができるか、初学者向けに枠組みが提示される。ポピュラー音楽に関するさまざまな事例とそれを読み解く視点が示されている。ポピュラー音楽やカルチュラルスタディーズ（⇒序章キーワード）に関心をもっている学生に推薦したい。

第IV部

メディアで
記録／記憶する

第**12**章

グーグルマップは世界を描いているか？
——パーソナライゼーション、監視社会、場所性

松岡慧祐

1　デジタル化する地図の功罪を問う

地図というメディア　　あなたが初めて行く店や待ちあわせ場所を探すとき、欠かすことができないのが、スマートフォンの地図アプリだろう。今や、こうしたデジタルメディアに進化した地図であるが、まだ文字すら存在しなかった紀元前の原始社会でも、人間は地面や岩壁などに地図を描き、身のまわりの生活空間の情報に加え、その外部に広がる未知の世界のイメージさえも伝達しあっていた。個人が直接経験できる範囲を超えた空間——「世界」や「社会」——を共有可能なイメージとして全域的に可視化することで、個人と他者・世界を媒介するメディアとして、地図は社会的に機能してきたのである。

　こうした地図は、世界をありのままに"コピー"しているかのように思えるが、実際は描き手である人間によってイメージされ、意味づけられた世界を"表現"しているにすぎない。それでも人々は、その時代・社会の規範や欲望に基づいて地図を描き、読むことを通して、地図に表現された世界像を「こうあるべきもの」として共有しているのである。

グーグルマップの衝撃　　21世紀に入ると、地図もデジタル化が急速に進み、そのあり方は大きく変容した。とりわけ2005年に登場したグーグルマップは、「世界中の情報を整理し、世界中の人がアクセスで

きて使えるようにする」というグーグル社の企業理念（「Google について」）のもと、世界中の詳細な地図や衛星写真、道路沿いのパノラマ写真を無料で見ることができ、ヴァーチャルな世界旅行を実現する画期的なサービスとして、私たちの生活に大きなインパクトをもたらした。

　それに追随したヤフーやアップルの地図アプリも含め、それさえあれば、世界は自分の手のなかにあるようにすら思える。だが、本当にそうなのだろうか。たとえば、恋人と初めてデートするとき、グーグルマップさえあれば飲食店を探すのに苦労しないが、地図上で見つけた店にいざ向かってみると、周辺はラブホテルや風俗店が集まるいかがわしいエリアで気まずい思いをするかもしれない。また、韓国では、グーグルマップの機能が一部制限されており、日本版と同様の使い方ができるわけではない。さらに中国では、国の規制により、そもそもグーグルマップを使うことすらできない。

　このように、じつは世界中の情報が整理されているわけではなく、世界中の人々がアクセスできるわけでもないグーグルマップは、世界を描き、世界を開いているといえるのだろうか。逆に、世界を閉ざしてしまう側面はないだろうか。本章では、この問いについて、グーグルマップの機能と地図表現の両面から分析してみよう。

2　グーグルマップの機能を分析する

データベース／ナビゲーションへ　まずグーグルマップにおいて画期的だったのは、地図情報を“検索”できるシステムを導入したことである。インターネットで情報を検索する（ググる）のと同様に、検索窓に自分がアクセスしたい場所の地名やキーワード、住所などを入力すれば、該当する地図情報が瞬時にピンポイントで表示されるようになった。それは、地図が検索のための巨大な「データベース」になったことを意味している。従来の地図であれば、たとえ詳しい情報を探す場合でも、まずは自分で地図を見渡して、徐々に焦点を絞っていくというプロセスがあり、そのプロセスでは必ずしも自分が探してはいなかった情報に偶然アクセスする可能性があった。しかしグーグルマップは、こうした地図を見渡すプロセスや偶然性を排し、各自が求める

個別の情報だけをデータベースから効率的に抜き出すことを可能にした。

　また、グーグルマップがスマホのアプリとして利用できるようになったのにともない、GPS 機能が実装されたことも画期的だった。それによって、自分の居場所（現在地）が常に地図の中心に自動的に表示されるようになり、自分が今どこにいるのかを定位するプロセスも省かれることになった。このように自己中心的な地図を自動的に表示させる技術は、「エゴセントリック・マッピング」（有川 2008）とも呼ばれている。さらに、GPS を応用して目的地までの経路をリアルタイムで案内する機能も導入され、情報検索だけでなく、身体移動も効率化された。

　こうして地図の「ナビゲーション」としての機能が強化されたことで、人間が地図を"見渡す"という側面よりも、地図が人間を"導く"という側面が強くなったといえよう。人間がテクノロジーを活用するのか、それともテクノロジーに人間が操られるのか──これからの社会の分岐点となる問題が、地図においても問われている。

地図が「わたし」に
最適化される

　検索機能によって自分が見たい情報を地図上に表示させ、GPS 機能によって自分を地図の中心に位置づけることは、地図を個人にとって都合の良いように「最適化」する技術だといえる。さらに、検索履歴・行動履歴の解析によって、過去に検索したことのある場所や訪れたことのある場所があらかじめ地図上で強調されたり、周辺のおすすめスポットがリコメンドされたりするシステムが導入され、機械的な地図の最適化も進みつつある。

　このように情報を個人（わたし）に最適化する技術は**パーソナライゼーション**と呼ばれ、地図サービスに限らず、IT の分野全般で応用されている。たとえば、インターネットにおける人々の検索履歴や購買履歴はビッグデータとして解析され、個々のユーザーが求める情報を予測し、「あなたへのおすすめ」として提案するのに活用されている。このようなシステムは、「わたし」にマッチする情報に効率的にアクセスしたいユーザーにとっては大きなメリットになり、それによって新しい選択肢を手に入れることができる可能性もたしかにある。しかし同時に、「それ以外の未来があり得たことが、私たちの生から

抜け落ち」（鈴木 2007：16）、「これまでの「わたし」の趣味嗜好の外へ出ることが困難になる」（土橋 2018：137）という問題がある。

　地図の最適化は、地図に固有の視野や想像力の広がりを削ぎ落としてしまうという意味で、単におすすめの商品を買いつづけること以上の問題を孕んでいるといえよう。グーグルマップには世界中の地図情報が詰め込まれ、世界を分厚く描いているように見えるが、その便利さゆえ、主体的に地図を見渡したり、読み込んだりする必要はなく、世界を読解するというよりも、自分がそのつど必要とする断片的なデータを消費するという使い方が促されている。

　同時に、世界最大のビッグデータ企業とされるグーグルは、便利な地図を多くのユーザーに利用させることで大量のデータを吸い上げ、ユーザーの行動を制御する権力をもちつつある。このように、電子的な情報テクノロジーによって個人データが収集され、個人の行動が統制されるようになる社会のありようは、「**監視社会**」（ライアン 2002）と呼ばれている。グーグルマップにおいても、私たちは利便性を享受するために、こうした監視を受け入れているのだが、ただ監視に身をさらして「見られる」ばかりでなく、みずから世界を「見る」ことはいかにして可能であるかを、立ち止まって考えてみる必要があるだろう。

ワーク1　

　あなたの地図利用はどのようなものだろうか。具体的な利用例を挙げながら振り返ってみよう。そのうえで、どのような使い方が望ましいかを考えてみよう。

3　グーグルマップの地図表現を分析する

のっぺりした地図表現　　今度はグーグルマップの地図表現そのものに着目し、批判的に分析してみよう。グーグルマップでは、地図をシームレスに（継ぎ目なく）動かす画期的な技術も導入されているが、そのシームレス感は地図表現にも反映されている。国境線はともかく、都市・地域（都道府県、市区町村など）の境界線は、アナログの地図帳ほどは強調されておら

ず、ほとんど見えない場合もある。また、地図に特定のテーマ（主題）がある
わけではないため、ユーザーから申請のあった商業施設など、さまざまなス
ポットが基本的にフラットに表示されている。そのため、全体としてメリハリ
のない、のっぺりした地図表現になっており、たとえば「いかがわしい街」や
「由緒ある伝統的な町並み」といった各地域のアイデンティティ（⇨第13章キー
ワード）を表す**場所性**は見えにくくなっているのである。

　それは、前述の通り、グーグルマップはデータベースやナビゲーションとし
ての利用が想定されているため、地域の場所性を表象（⇨序章キーワード）する
ということには重点が置かれていないことを意味している。つまり、グーグル
マップのユーザーにとって場所性の解読は不要だとみなされているのである。
そして、グーグルマップにおいては、地域の記憶が「古地図」としてアーカイ
ブされることもなく、知らぬ間に行われる地図の更新によって次々とデータご
と消し去られていってしまう。

機械的に描かれた地域像

グーグルマップでも、商業施設が集積する繁華街の
エリアはベージュで色づけされており、それによって
ある種の場所イメージは可視化されている。しかし、それは商業施設の多いエ
リアが機械的に判定され、自動的に色づけされたものである。つまり、それは
人間の意志ではなく、アルゴリズムと呼ばれる判定システムによって機械的に
描かれた地域像なのである。また道路や地形なども、グーグルがもつ衛星写真
やストリートビュー（路上のパノラマ写真）のデータに基づいて機械的に描かれ
ており、それゆえさまざまなバグが生じたこともある。

　このように、グーグルマップの表現には非人間的で機械的な側面があるため、
やはり人間によって生きられた場所性は不可視化されやすい。たとえば、大阪
市大正区には「昭和山」という愛称で呼ばれる人工の低い山があり、地元のシ
ンボルとして住民に親しまれてきたが、正式な山としては認められていないこ
とから、国土地理院発行の地形図には掲載されていなかった。しかし、それに
異議を唱える住民たちの運動により、2002年に国の基本図とされる2万5千
分の1地形図に「昭和山」の名前が掲載されることになった。それでも、グー
グルマップには依然として「昭和山」は描かれていない（2019年12月時点）。

大阪あそ歩まち歩きマップ（コースは省略）
（大阪コミュニティ・ツーリズム推進連絡協議会）

同地域のグーグルマップ
（Google，地図データ ©2019）

不可視化される場所性　また、大正区は、区民の4分の1が沖縄にルーツを
もつ人だとされており、琉球の文化とコミュニティが
息づいた町でもある。大阪で作られているまち歩きマップでは、そのような大
正区の場所性がテーマ化され、イラストとともに地域色豊かに描き出されてい
る。それに対して、グーグルマップの機械的で平板な地図表現からは、広義の
エスニックコミュニティとしての大正区の場所性を読み取ることは難しい。そ
れは、たとえばコリアンタウンやチャイナタウンなど、日本各地に点在する多
様なエスニックコミュニティに関しても同様である。

　さらに、グーグルマップで不可視化されるものとして、貧困地域の場所性と
格差が挙げられる。たとえば、「あいりん地区」と呼ばれる大阪市西成区の
釜ヶ崎には、日雇い労働者やホームレスが仕事を求めて集住する日本最大のド
ヤ街が形成されているが、やはりグーグルマップからはその匂いを嗅ぐことは
できない。「あいりん地区」や「釜ヶ崎」という俗称はどこにも記載されてお
らず、地図上では他の地域と何も変わらない普通の町に見えてしまう。

　それはグーグルマップに限ったことではなく、地理学者の B. ハーレーが

「地図における沈黙」と呼んだように、地図には負の現実を自然にないものとしてしまう魔力がある（ハーレー 2001：413）。もちろん、差別につながるような貧困地域の表現はなされるべきではないが、何でも載っているような気がしてしまう精細なグーグルマップでも見えない現実はあり、そこに映し出されているのは「脱色・漂白」された地域のイメージにすぎないということは理解しておく必要があるだろう。

暴露されるタブー

しかし、逆にグーグルマップが、社会的にタブーとされるような現実を暴力的に可視化してしまうこともある。たとえば、大阪市西成区に残る遊郭「飛田新地」には、売春がグレーゾーンとして黙認されてきた歴史があり、現地では写真撮影が禁じられ、メディアもそれに触れることは暗黙にタブーとされてきた。しかしグーグルマップに紐づけられたストリートビューが、現地の写真を無邪気に撮影・公開したことは大きな物議を醸した。

また、大阪市内の私鉄の駅名が、何者かによって「部落」と書き換えられる悪質な事件が発生したこともある。このような改ざん事件は他にも多数報告されているが、これはグーグルマップの情報がデジタルデータとしてウェブ上に登録されていることの弊害といえる。

さらに、ユーザーがグーグルマップの地図データを利用してオリジナルのマップを作成できる機能もある。過去にアメリカでは銃免許保持者のデータを、日本では破産者のデータを可視化したマップが公開され、大きな波紋を呼んだ。

このように、グーグルマップには、社会のダークサイドの問題を隠す作用がある一方で、逆にタブーを暴露してしまう側面もある。グーグルマップは、単にグーグルの権力装置であるばかりではなく、差別や偏見を助長する情報を誰もが拡散させることができる危険なツールにもなりうるということである。

ワーク2

　身近な地域を対象にグーグルマップなどの地図アプリを観察し、そこには何が描かれていないかを話しあおう。必要に応じて、地域に関する文献や資料を活用するとよい。

4　地図の隙間・外部へ

　以上を踏まえて、「グーグルマップは世界を描いているか」という本章の問いに立ち戻ろう。たしかに、グーグルマップでは世界中の情報を自由に見ることができるが、それはあくまでグーグルが収集し、データベースに登録した限りの情報にすぎない。つまり、グーグルマップは、世界を構成するレイヤー（層）の一つにすぎないということである。そして、そのレイヤーのなかで、私たちはパーソナライズされた断片的な情報を消費し、グーグルによる監視のもとでデータを吸い上げられている。

　では、より多層的な厚みとカラフルさがあるはずの世界の場所性を、いかにして主体的に見出していくことができるだろうか。「地図を捨てる」というラディカルな選択肢もあるが、より現実的なのは、移動に便利なグーグルマップを積極的に活用して、ふだんなら行かないような場所にランダムに移動し、【ワーク2】で実践してもらったように、グーグルマップに描かれていないものに目を向けるということだろう。

　グーグルマップが機械的に描かれたフラットな地図であるということは、裏を返せば、観光マップやまち歩きマップなどが呈示するような特定のイメージや枠組みに縛られずに、その隙間や外部にあるものを自分で見つけるのに適しているということである。地図がますます機械化されて便利になるなかで、その便利さを、地図に描かれない現実の探求に活かそうとする主体性と想像力が求められている。

ワーク3

　【ワーク2】で対象にした地域を実際に訪れ、グーグルマップに描かれていないものについて見聞きし、さらに詳細に調べよう。その成果をもとに、オリジナルの手描きマップを制作してみよう。

キーワード

パーソナライゼーション

　　ウェブサイトが不特定多数のユーザーに向けて情報を発信するのではなく、個々のユーザーにあわせてカスタマイズされた情報を提供する仕組み。それによって自分の見たいものしか見ないですむようになるが、情報のフィルタリングは自動的になされるため、その偏向に気づきにくいという問題がある。

監視社会

　　監視カメラに代表されるように、情報テクノロジーによって統治や管理が行われる社会のあり方を指す。こうした監視は、社会的な排除や分断につながる恐れがある一方で、安全で便利な社会を実現するのに必要なものだと考えられており、そのために人々は進んで監視に参加しているという側面もある。

場所性

　　「place（場所）」とは、人間の活動を通じて特殊な意味を帯びた空間であり、そのような空間の性質を「場所性」という。しかし、E. レルフ（1999）によれば、現代ではどの場所も外見や雰囲気が均質になる「placelessness（没場所性）」が拡大している。

ブックガイド

若林幹夫『増補　地図の想像力』河出文庫、2009 年

　　古代から近代までの地図の歴史に基づき、地図という表現・メディアの社会性を論じている。地図は「社会」によって作られるものであると同時に、「社会」のイメージを可視化する存在であるということに気づかせてくれる。

鈴木謙介『ウェブ社会のゆくえ──〈多孔化〉した現実のなかで』NHK 出版、2013 年

　　本章の内容とより関連性が強いのは、同著者の『ウェブ社会の思想』（NHK 出版、2007 年）だが、ウェブ社会の現在を理解するうえでは、スマートフォン、SNS、AR（拡張現実）などを扱った本書をおすすめしたい。

ライアン、D.『監視社会』河村一郎訳、青土社、2002 年

　　まだ「ビッグデータ」という言葉が普及していなかった 2000 年代初頭に、本書はすでにデータが人間を支配するようになる未来を予言していた。現在は類書も多く出ているが、まずは本書で基本的な理論をおさえてほしい。

第**13**章

メディア経験から何がわかるのか？
──オーディエンス、アイデンティティ、ライフストーリー

池上　賢

1　オーディエンスの研究

オーディエンスって
誰のこと？

　あなたには、印象に残るメディアに関する経験はあるだろうか。たとえば、好きなマンガを繰り返し読んだ経験や、忘れられないスポーツ観戦の経験などである。

　あなたの経験は個人的なものであるが、メディア研究においては重要な分析対象になりうる。人々のメディアとのかかわりを分析し、メディアに関する経験がもつ意味や、メディアと社会の関係などを明らかにする領域を**オーディエンス**研究という。

　オーディエンスとは、一般的には"聴衆"や"観客"を意味する言葉であるが、メディア研究では、メディアを利用する人々全般を意味する言葉として用いられている。K. ロスと V. ナイチンゲールは、以下のような事例を挙げている。第一に、テレビニュースの視聴者、新聞閲読者、スポーツイベントやロックコンサートに参加している人々のような「人々のいくつかの集まり」や「諸個人である人々」。第二に、趣味の文化やファンの文化（⇨第 11 章キーワード）など、「持続的な社会・文化的意味を帯びた絆で結びついている人々のいくつかの集まり」。第三に、劇場の公演や詩の朗読会に参加している人々などの「小規模のローカルな集まり」である（ロス／ナイチンゲール 2007：5-6）。

　人々は、なんらかのパフォーマンスやイベントに注目するときに、オーディエンスとなる（本書を読んでいるあなたも！）。現代社会に生きる私たちは常にな

んらかのオーディエンスであるという指摘もある（Abercrombie & Longhurst 1998）。

　では、オーディエンスを研究することで、何が明らかにできるのであろうか。オーディエンス研究には、さまざまな論点が含まれるが、本章では以下の二つに注目する。

　　メディア経験と
　　社会的・歴史的状況　　近年のメディア研究では、1980年代以降に生まれた若者を、幼少期からデジタル技術に接していることからデジタルネイティブと呼ぶ（タプスコット 2009；木村 2012；高橋 2016；橋元ほか 2010）。木村忠正は、デジタルネイティブをより細かな世代によって分類する。たとえば、1991年以降に生まれた第4世代の人々は「中学からパケット定額制で携帯を利用」し、「料金などの制約を気にせず、ケータイブログ、モバイルSNS、ソーシャルゲームを利用することができた世代」（木村 2012：123）であり、彼らのコミュニケーションは「5分以内に返さないといけない」などの圧力により特徴づけられる（木村 2012：138）。

　木村はデジタルネイティブというオーディエンスを研究するなかで、メディアに関連する社会的・歴史的状況や、人々の生活やコミュニケーションのあり方との関係を明らかにしている。本章では、この「オーディエンスのメディア経験が、その背後にある社会的・歴史的状況とどのように関係しているのか」を第一の問いとしたい。

　　メディア経験と
　　アイデンティティ　　「オーディエンス」は、メディア研究の専門用語である。しかし、日常生活のなかでメディアを利用する人々に関する情報を目にすることは多い。たとえば、アニメやマンガを好む人々をしばしば「オタク」と呼ぶ。特定の野球チームを応援する女性が「カープ女子」などと呼ばれ、メディアで取り上げられることもある。これらは、オーディエンスの動向に社会の関心が集まりつくり上げられたイメージである。

　そのイメージは、しばしば人々にとって「自分が何者であるのか？」ということを他人に示すために使われる（「自分はオタクだから」「自分はカープ女子だから」）。つまり、人々は自分自身をなんらかのオーディエンスとしてとらえている。メディアとは、自分自身がどのようなオーディエンスであるのか＝何者で

あるのか、ということと関連している。

　さて、ある人が「何者であるのか」を示す用語に**アイデンティティ**がある。これは、もともとは発達心理学者のE. H. エリクソンにより提示された概念である（エリクソン 2011）。わかりやすく説明すれば、「自分が自分について思っていること（自己斉一性）」と「他人と共有していること」とが一致している状態を指す。アイデンティティは、もともとは個人が保有している固定されたものとしてとらえられていた。しかし、社会学はこの概念を、持ち主によって操作されることもある、流動的なものとして取り入れた（上野 2005：3-25）。これを踏まえ、「ある特定のメディアを経験した人は、どのようなアイデンティティをもつのか」ということを二つ目の問いとしてみよう。

ワーク1

　あなたの人生におけるメディアと関係する経験を振り返り、特に自分にとって印象深いと思う（転機となったり、影響を受けたりした）メディア経験を書き出してみよう。なお、ここでいうメディアはテレビや新聞のようなマスメディア、マンガ、ゲームのような娯楽メディア、ライブやスポーツ観戦のような生のパフォーマンス、ケータイやスマホといったモバイル機器まで幅広くとらえてかまわない。

2　具体的なメディア経験に注目する

エピファニーに
注目する

　【ワーク1】では、あなた自身の人生におけるメディアとのかかわりを振り返ってもらった。【ワーク1】であなたに行ってもらったのは、**ライフストーリー**におけるメディアとのかかわり、そのなかでも特に"転機"と呼べる出来事を書き出してもらうということだった。社会学などでは、「個人のライフ（人生、生涯、生活、生き方）についての口述（オーラル）の物語」（桜井 2012：6）をライフストーリーと呼び、分析の対象とする。また、エピファニー（デンジン 1992）に注目することがある。エピファニーとは「自分の人生にとって記念になる出来事、危機的な体験」（桜井

2002：212）を意味し、"転機"とも言い換えることができる。今回は初歩的な練習として、あなた自身のライフストーリーのごく一部（転機）を書き出してもらった。では、あなた自身が作成した自分についての資料からどのような分析が可能になるのか、実際に試してみよう。

具体例から考える　　　ここでは、例として筆者が行った「人生におけるメディア経験」に関する調査事例を紹介する。1974 年生まれの調査協力者 A さんは、中学 3 年のときに柳沢きみおというマンガ家の作品を知ったことを印象に残る経験としていた。以下は、インタビューで得られた語りの一部を書き起こしたものである（〔　〕内の言葉は読みやすくするため筆者が補ったもの）。

そうですね。柳沢〔の作品を初めて読んだのは〕中 3 の頃です。『妻をめとらば』という〔マンガ〕ですね。

〔マンガを読んで〕サラリーマンって結婚ってこんな、……郊外にマイホームを買ったりとか、こんなのはつらいんだなと、こんな生活がずーっとつづくのはやだと思った。

柳沢〔のマンガ〕が僕にとって最初の社会学だったんですね。だから、その頃からまあある意味社会学をやりたいというのは運命づけられていたと思う。

『妻をめとらば』(1)
柳沢きみお
小学館

　　　A さんは、後に大学院に進学し社会学を学ぶのであるが、自分にとって柳沢きみおのマンガは「最初の社会学」であったとしていた。つまり、A さんにとってあるマンガ家の作品を知ることは"転機"だったのである（池上 2019：278-282）。

3　メディア経験とその背景を分析する

社会的・歴史的状況を考える

この経験の背景にはどのような社会的・歴史的な状況があるのだろうか。それは別の資料を参照すれば明らかになる。ここでは、『現代漫画博物館――1945-2005』という資料と A さんの語りを突きあわせて考えてみよう。

A さんが中学から高校を過ごした時代（1980 年代後半～90 年代初頭）は、マンガの読者層が拡大した時期であり、大人向けのマンガが発達した時期である（米沢 2006：402）。A さんがこの作品に「出合えた」のは、そういった社会的・歴史的状況が関連している。

アイデンティティを考える

次に、あなた自身が「何者であるのか」ということと、メディアに関する経験の関係について考えてみる。

経験に関する語りは、しばしば「物語」の形態をとる。「物語」の定義は「時間軸の上で、いくつかの出来事が一定の基準にしたがって選びだされ（逆に、他の出来事は捨てられ）、相互に関連づけられる」（浅野 2001：62）というものである。たとえば「野球マンガを読み」（出来事 1）「実際に野球をするようになった」（出来事 2）といった語りが考えられる。ここでは、出来事 1 と出来事 2 が原因と結果というかたちで、相互に関連づけられている。

そして、物語こそがアイデンティティと関連しているという議論もある。社会学者の A. ギデンズは自己アイデンティティを「生活史という観点から自分自身によって再帰的に理解された自己」（ギデンズ 2005：57）であるとする。簡単に言えば、「自分はこういう人生（物語）を生きてきたな。○○の影響を受けて、今○○をやっているな」という認識も、アイデンティティととらえられるのだ。

A さんの場合、中学生の頃に大人向けマンガを読んだことが、「最初の社会学」であったと語っていた。A さんは大学院で社会学を学んだ経験がある。つまり、A さんは「社会学を学習した人間」であるという自分自身のアイデンティティの一要素として、柳沢きみおのマンガを読んだ経験を位置づけ語っ

ている。

　このように A さんのライフストーリーにおけるメディア経験からは、第 1
節で挙げた二つの問いについて答えを得ることができる。

ワーク2

　自分自身のライフストーリーのなかのメディア経験が、どのような社会
的・歴史的背景と関連しているのか考えてみよう。できれば図書館などに行
き、文献を探して自分の経験と関連する出来事がないか調べよう（時間がな
い場合はインターネットの情報検索でもかまわない）。また、メディア経験における
転機が、今の「何者としての自分自身」にかかわっているか考えてみよう。

4 オーディエンス研究を深める

メディア経験を
比較する

　本章では、あなた自身のライフストーリーを振り返
り、特に印象に残っていたり、転機となっていたりす
るメディア経験を分析してもらった。あなたの人生におけるメディア経験はど
のような社会的・歴史的背景とかかわっていたのか、あるいはそれが今のどの
ような自分とかかわっているのか、ある程度明らかにできただろうか。

　オーディエンスに関する研究は、効果研究やカルチュラルスタディーズ（⇨
序章キーワード）において展開してきた。本章で行ってもらった分析は、カル
チュラルスタディーズの視点に基づくものである。

　ところで、社会学では、単独のインタビューデータからでも、一定の学術的
な知見を示すことができるが、より分析を深める方法もある。最後に次のよう
なグループワークに取り組んでみよう。

ワーク 3

　　数名ずつのグループに分かれて、あなた自身が書いたワークシートを他の人と突きあわせて比較してみよう。そのうえで、共通する点や異なる点を明らかにして、そこにはどのような社会的・歴史的背景があるのか考えてみよう。さらに、あなた方の世代について「メディアで言われていること」と一致している点や違っている点がないか考えてみよう。

経験の共通点と相違点
　　　　　　　　　　　　【ワーク 3】では、どのような意見が出ただろうか。それぞれのメディア経験の共通点や違い、あるいはその原因となっている社会的・歴史的背景について検討できただろうか。

　カルチュラルスタディーズに『ネーションワイド・オーディエンス』（Morley 1980）という研究がある。この研究では、銀行員の支店長や、黒人などといった共通の社会的な特徴をもつ人によって構成された複数のグループに、ニュース番組映像を視聴してもらった。その結果、グループによって番組の内容に対する反応がまったく異なっていた。たとえば、黒人のグループはニュース番組の内容に否定的で、銀行員の支店長は肯定的であった。

　この研究は、人々のメディア経験（映像視聴）の比較から、英国の研究当時の階級社会の様相を浮かび上がらせたといえる。このように、異なる人々のメディア経験を比較することでも、社会の様相の一部を浮かび上がらせることができるのである（第 5 章参照）。

オーディエンス概念の
批判的再検討
　　　　　　　　　　　最後に次のような分析の可能性も紹介しよう。【ワーク 3】では、あなた方の世代について「メディアで言われていること」と一致している点や違っている点がないか考えてもらった。これにはどのような意味があるのだろうか。

　第 1 節の説明では、マスメディアが特定のオーディエンスに対するイメージ（「オタク」「カープ女子」）を流布することを指摘した。だが、そのようなステレオタイプ（⇒第 14 章キーワード）的なイメージを批判的にとらえること、つまり

オーディエンス概念の批判的とらえなおしも、メディアを学ぶうえでは重要である。

　オーディエンス研究は、実際にオーディエンスとみなされている人々について、彼ら・彼女ら自身のアイデンティティのとらえ方、日々のメディアとのかかわり、メディア経験を分析することができる。たとえば、あなた自身が調査したオーディエンスのあり方と、マスメディアが流布するオーディエンスのイメージの差異を明らかにしたり、その背後にどのような意図があるのか検討したりすることが考えられる。

オーディエンス研究の可能性　　本章で、取り上げた事例はあくまでも初歩的なもので限界がある。たとえば、【ワーク3】において知ることができるのは、あくまでも同じような世代（若者など）・属性（大学生など）のオーディエンスの経験だけである。しかし、分析対象を広げれば、自分とはまったく違うメディアとのかかわりを明らかにすることもできるだろう。

　いずれにしても、メディアが日常に浸透した現代社会においては、人々とメディアの関係性について明らかにするために、さらに深くオーディエンスを分析する必要があるのである。

オーディエンス

　本文でも説明した通り、オーディエンスのイメージはさまざまなメディアにおいて常につくられつづけている。メディア研究領域では、J. ハートレイが、オーディエンスは作られたフィクションにすぎないとさえ、主張している（Hartley 1992：101-118）。いずれにしても、メディア研究を行う際には、従来のオーディエンス像について「本当にそうなのか？」「本当はどうなのか？」、時には「本当に存在するのか？」といったことまで考える必要がある。

アイデンティティ

　「自分が何者であるのか」という感覚や意識のこと。近年の社会学では不変のものというよりは、さまざまな状況のなかで操作されたりつくられるものというとらえ方がされる（上野 2005：1-42）。たとえば、近年の SNS で行われる写真の投稿や自分語りは、現代社会のメディアオーディエンスによるアイデンティティを操作したり、つくりだしたりするパフォーマンスといえるかもしれない。

ライフストーリー

　特定の個人の人生経験、あるいはそれに関する語り。生活史と表記することもある。ライフストーリーを聞くためのインタビューがライフストーリー・インタビューである。本来は調査協力者に長い時間（最低でも 1 時間以上）語ってもらうことが多い。分析にあたっては、トランスクリプトと呼ばれる資料に書き起こしてから行うのが通例である。

木村忠正『デジタルネイティブの時代——なぜメールをせずに「つぶやく」のか』平凡社新書、2012 年

　「物心ついた頃から、PC やケータイに親しんでいるデジタルネイティブ」について、質的調査、量的調査などを組みあわせた「ハイブリッド・メソッド」により分析した著書。専門的な分析をわかりやすく記述している。

桜井厚『ライフストーリー論』弘文堂、2012 年

　ライフストーリー法の第一人者が、研究史やインタビュー・データを分析する際の論点などをわかりやすく解説した著書。直接的にメディアオーディエンスを扱った著書ではないが、「自己と語り」や「語りの様式」などオーディエンス研究に応用できる論点が紹介されている。

ロス、K.／ナイチンゲール、V.『メディアオーディエンスとは何か』児島和人・高橋利枝・阿部潔訳、新曜社、2007 年

　タイトルの通り、メディアオーディエンスに関する議論を概説した著書。オーディエンスが歴史のなかでどのように取り上げられてきたのか、どのような分析の論点があるのか、といった点がまとめられている。やや難解な記述もあるが、オーディエンス研究に関する知識を深めることができる。

第**14**章

地域の記憶は誰のものか？
——地域創生、ステレオタイプ、デジタルストーリーテリング

土屋祐子

1 強まる地域ステレオタイプ

**地域創生ビジネスと
PR イメージ**　　地域の活性化は長年の課題であるが、この数年は地域の「創生」をキーワードに、国の政策として産業振興が進められてきた。内閣は 2014 年に「まち・ひと・しごと創生本部」を設置し、国会は「地方創生関連 2 法案」を成立させた。各地域の課題や状況を踏まえつつ、しごとを創出し、ひとを集め、まちを活性化させることを目標としている。

　新たに生みだす創生という言葉を使いながらも、強調されているのはもともとある地域の特性を活かすことである。土地の気候風土、歴史のなかで育まれたユニークな特性を見直し、その強みをブランドとして、観光客の招致や、食品、工芸品といった特産品の生産と販売に活かし、観光産業や農林水産業を活性化していくことが奨励された。**地域創生**の取り組みとは、地理的・歴史的に形成されてきた地域文化を「資源」ととらえなおし、ビジネスに活用していく試みということもできる。

　こうした地域創生ビジネスでは、地域外の人々に向けて、特性を繰り返しアピールする。観光産業であれば、世界遺産や国の重要文化財に登録されている文化施設、歴史的な街並み、独特の自然景観、その土地でしか口にできない食べ物などが、その地域ならではの魅力として、わかりやすく PR される。

　ポスターや広報パンフレット、ガイドブック、チラシ、ウェブサイト、テレ

ビ CM、動画など多様なメディアで繰り返し伝えられる。「ひこにゃん」や「くまモン」に代表されるそれぞれの地域ならではの「ゆるキャラ」や、「道の駅」にずらりと並べられた特産品を思い起こす人も多いかもしれない。地域には、誰もが思い浮かべる奈良のシカ、大阪のお笑い、広島のもみじ饅頭などの定番のイメージがあり、こうした著名な地域イメージを実際に見たり聞いたりすることがその地を訪れる目的となることもあるだろう。

| 固定観念による問題 | こうした事実に先立つ固定観念は**ステレオタイプ**と呼ばれる。かつて W. リップマンが『世論』（原題は *Public Opinion*）で提起した人びととのイメージ形成に関する概念である（リップマン 1987）。地域ブランディングの取り組みは、特定のイメージを積極的に広め、ステレオタイプを強めるように作用していると指摘できよう。

国内外からの観光客が地域に足を運ぶきっかけとなるなど、ステレオタイプは、多くの人に地域に関心をもってもらう点では重要となろう。しかし、ステレオタイプには問題がある。強固になればなるほど、先入観から外れた出来事や物、事実に目が向かなくなり、根拠のない偏見や差別に結びつくこともある。

さらに問題なのは、訪問者のみならず、地域に住む人々にも内面化されることである。内面化されたステレオタイプは、認識のパターンを定着させ、思考停止をもたらしかねない。たとえば、地域の定番以外の魅力を見落としてしまいかねないし、まだ埋もれている地域の歴史や文化を掘り起こしていくような想像力が欠如してしまう。大学の授業で地域について調べるレポートやプレゼンテーションが課されても、みな同じようなテーマや問題設定になることはよくあることだろう。

地域を語ることのパターン化は、私たちの地域の歴史認識や記憶をステレオタイプ化してしまう。では私たちは、どのようにステレオタイプに陥らずに身の回りの地域の特性を表し、伝えていくことができるのだろうか。

2　観光地へのフィールドワークと気づき

身近な観光地への着目　ステレオタイプに陥らないよう地域を記述するためには、一人ひとりが地域に対する自分の考えを深めることが大切である。

広島城フィールドワークの様子

　一つの試みとして、筆者の大学の研究室では、身近な観光地で写真を撮影しながらボランティアガイドの方と歩くフィールドワークを行い、その気づきからストーリーを立ち上げていく動画制作ワークショップを行っている。動画は客観的にまとめるのではなく、一人称の「私」の思いや考えを前面に出す**デジタルストーリーテリング**という手法を用いている。フィールドワークをする狙いは、現場で自分の気になる光景や物をカメラで撮影したり、ガイドの方から歴史や文化的な価値の話を聞いたりするなかで、自分たちの住む地域のことをあらためて「発見」し、その気づきを作品作りに生かすためである。

広島城でのフィールドワークからの動画作り　2017年、表14-1のような手順で、広島城をテーマに広島経済大学2年生9名とワークショップに取り組んだ。

　広島市の市街地中心部に位置している広島城は、市内に住む大学生にとっては飲食や買い物に出かける途中で目にするような身近な場所である一方、ふだんの生活のなかで足を踏み入れることがなく、日常とは切り離された観光地でもある。

　すぐ近くに位置する平和記念公園に比べると観光地としての知名度は低くなるが、広島城は近世から現代に至るまで、重要な歴史の痕跡が残る場所である。

表14-1　ワークショップにおけるデジタルストーリーテリングの手順

①事前準備	フィールドワークに行く前の自分の広島城のイメージ・知識の確認，下調べ。
②フィールドワーク	観光ボランティアガイドの方との2時間の広島城めぐり，写真撮影。
③フィールドワークの振り返り	写真を見返しながら，自分の気づきをそれぞれ10個以上あげ，3人1組のグループで発表。
④ストーリー構成	自分の気づきを一つ選び，それを軸に三つのストーリー要素（「伝えたいと考えるエピソード」「エピソードの説明や背景」「自分が考えたこと，変容があったこと」）を考える。15〜20枚の写真を選択し，ナレーションの台詞を書く。
⑤制作	動画編集ソフトを使用。写真を取り入れ，自分の声でナレーションを吹き込み，画像や切り替え効果を編集し，タイトルをつける。
⑥発表と振り返り	授業内で作品を上映しゼミ生どうし互いに評価。振り返りのレポートを書く。

　1589年、毛利輝元が広島城を築城し、福島正則が城下町を整備し、浅野氏が12代約250年に渡って城主を務めた。江戸幕府が倒れ明治に入ると城内には軍隊の施設が置かれ、日清戦争時には明治天皇とともに大本営が移り、臨時帝国議会が開かれた。昭和に至るまで、天守閣はじめ門や櫓（やぐら）など江戸時代からの建物が残っていたが、1945年8月6日、原子爆弾の投下によりすべて倒壊、焼失した。戦後、天守閣や表御門、いくつかの櫓が復元され、人々に公開されている。

　フィールドワークに行った後、学生たちは一人ひとりが一つの着眼点をもって、それを起点にストーリーを構成し、自分のナレーションと撮影した写真による1分半〜2分のスライドムービーを制作した。作品は研究室のウェブサイト『地域を語り継ぐ自己メディア表現とコミュニケーション』にアーカイブしている。「2017広島城を歩いて」に収められた完成作品のタイトルは、「歴史の見える景色」「まちの公園広島城」「天守の美しさと広島城」「似ている景色」「被爆樹木の偉大さ」である。作品を想起することになった学生による広島城の着眼点は多様である。

　まず屋根の飾り板や天守閣の構造様式など、近世に築城された歴史的建築物の特徴をミクロな視点で切り取ったものが挙げられる。次に、城内に残る明治

時代の大本営跡や、原爆によって被災した樹木や焼け焦げた石垣など近現代の歴史の舞台となった広島城の痕跡を取り上げるものもあった。また、天守閣に上って眺めるビル群や、地元の人々が散歩したり七五三詣したりしている光景など、現在の広島城に着目する作品もあった。

　一人ひとりの関心によって、広島城は実に多様に焦点化されたといえよう。学生たちのまなざしはユニークで、新たな地域の特性を発掘していけるような可能性をもっていた。こうした取り組みで大事なのは、個々が拾い上げた視点を中間発表や上映会などを通じて共有することである。他者のものの見方を知ることは、自分の内在化したステレオタイプを揺り動かしていくことにつながる。

ワーク1

　これまで行ったことのある観光地を思い出してみよう。そこで見聞きしたものや言葉、エピソードから自分がもっとも関心をもったことを書き出し、自分がその地域ならではの魅力だと考えることをまとめよう。また、それがメディアを介して伝えられているのだとしたら、どんなメディアなのかについても考えよう。

ワーク2

　数名ずつのグループに分かれて、【ワーク1】の内容をグループ内で発表しあおう。それぞれ質問やおもしろいと思った点などコメントをしよう。そのうえで、自分たちならどのように地域の魅力を伝えていくのがよいと考えるかを話しあおう。

3　デジタルストーリーテリングによる思考の深まり

デジタルストーリーテリングとは何か

　デジタルストーリーテリング（Digital Storytelling、以下、DST とする）は、1990 年代初期にアメリカのカリ

フォルニアからはじまった写真と自分のナレーションで構成する数分の動画を制作する自己語り実践で、世界中で取り組まれている（小川 2016；Lambert & Hessler 2018）。DST では自分の内にある記憶や経験、思いを語ることが重視される。一人称の「声」をダイレクトに伝える作品は、見る者の心を揺さぶるようなインパクトをもっていることと、簡易な技術や機器で制作可能なことなどから、実践者たちが独自にアレンジを加えながら、教育、コミュニティ形成、市民アーカイブ、パーソナルヒストリー、ケアなど多様な分野で活用されている。

　教育分野において特に着目されるのがリフレクション（省察）である。自分たちの経験を振り返りつつ、ストーリー構成を考えて台本を書き、ヴィジュアルイメージを選び、ナレーションを録音していく作業は、みずからの経験に意味を見出し、その理解を深めていく省察の行為である。

　こうした DST は、ナラティブ学習においても着目されている。ナラティブ学習とは、語ることを学びの手法ととらえ、成人教育で展開されてきた。本来、経験は前言語的になされるものであり、それらはストーリー化の過程で一貫性をもって整理され、意味あるものとして理解し直される。ストーリーを語ることは経験の意味づけ行為であり、語ることで人は学ぶのである。第 2 節で例に挙げた広島城の DST のストーリー構成も、フィールドワークの経験に学生一人ひとりが自分なりに意味を見出す過程のなかで作られたといえよう。

生み出された
ストーリー　第 2 節で取り上げた作品作りにおいて、自分の着眼点を掘り下げ、生みだされたストーリーにはどのようなものがあったのかをみてみよう。まずは歴史的価値を再認識するなど、広島城に対していかに理解が深まったのか、自分の認識を改めたのかを語ったものがあった。さらに、広島城に新たな価値を付与していくような作品もあった。「歴史の見える景色」では次のような台詞が語られた。

> ある人に「広島城は原爆で焼けてなくなってしまったから城としての価値はない」と言われた。でも、原爆でなくなってしまった広島城を作り直した人々の思い。〔広島〕カープの由来は、広島城が「鯉城」と呼ばれていたことからつけられた。そんな歴史を伝え

てくれるボランティアガイドさんがいたり、毛利などのキャラクターが盛り上げてくれている。広島城は過去の記憶を残しつつ、今を進んでいると私は思う。

　建物を復元しこれからの広島城を盛り立てていこうとする人々の思いに触れ、戦後の復興から「今を進んでいる」広島城の価値を再評価した。いずれの学生もフィールドワークにおける気づきに基づき独自のストーリーを完成させた。この自己語りワークショップで重要なのは、自分たちの気づきを深めながら言語化、視覚化し他者に伝わるよう表現すると同時に、その過程でみずからの学びを自覚することにある。

4 語り継ぐ地域、記憶する主体

　「集合的記憶」を提起したM.アルヴァックスは、個人の思い出は単独では呼び起こされず、人々が所属する集団の存在があるからこそ喚起されると述べた。一方で集合的記憶は、集団の内側から形成されるもので、それを参照する個人によって支えられていることも指摘している。彼によれば集合的記憶は集団に所属する人によって再構成されつづけるものである（アルヴァックス 1989）。つまり、地域についての私たちの語りはこれからの集合的な記憶の形成にかかわっていくのである。

　本章の冒頭で述べたような地域活性化のPRのために繰り返されるステレオタイプではなく、自分が主体的に地域のことを語ることは、地域の記憶を「誰か」の語りに委ねることを止めることでもある。現在、多くの地域で次世代への継承の努力が払われている。災害や戦争、伝統的な風俗や文化のための語り部活動が盛んに取り組まれている。

　広島では被爆当事者が亡くなっていくなかで、原爆の記憶をいかに継承していくのかが大きな課題になっている。語り部が高齢化するなかで私たちが受け身の聞き手のままでは、記憶の主体を失い、地域の記憶は途絶えてしまうだろう。たとえば、語り部の話をただ聞いて終わらせるのではなく、その話を聞いたことから自分の考えたことや思いを言葉にして、友人や家族など身近な誰かに伝えることで、私たちは語り継ぐ主体となりうるだろう。

　語り継ぐというのは、単に過去の誰かの経験や語りを復唱することにとどまらず、語り部や地域のお年寄りなど他者の語りに応答して自己の語りを生みだしていくことでもある。筆者はそうした主体的な語り継ぎとして「リレー型」DST というコンセプトを提案している（土屋 2019）。実践では、自分ではない誰かの話に対して、共感や違和感を覚えたり、自分自身の経験を思い出したり、新たな発想を得たりと積極的に意味を見出し、その意味を言葉で表していく。そこでの過程で深まるのは他者である語り手やその語り手が語る過去の出来事への理解である。

　本章では自分の所属する地域について集団の内側からみずから語ることで、記憶の主体となることを論じてきた。他者の話からの自己語りは、さらには自分の所属していない地域についても、内側からの理解を深め、記憶を共有していく端緒となるのではないだろうか。

ワーク3

　長期休暇などを利用して、祖父母や親せき、知りあいの方に、自分の住んでいる地域の歴史について聞いてみよう。自分の発見やそこからめぐらせた考えについて文章にまとめたり、デジタルストーリーテリングに取り組んでみよう。

キーワード

地域創生

　　地域再生のための方策。地方自治体や産業団体が推進者となり地域ブランドの確立や特産品の販売、祭事の復活、B級グルメやゆるキャラの考案など、多様な試みがなされている。類似の「地方創生」は政府の政策用語。「地域創生」は政府の政策を背景としつつも、地域主体の取り組みによく用いられる。

ステレオタイプ

　　もともとのステレオタイプは、活版印刷で用いられる同じ紙面を大量に刷るための鉛版のことである。W.リップマンは「見てから定義しないで、定義してから見る」と述べ、起きている事から事実を見出すのではなく、先入観と合致する出来事を事実として受け入れたがる人々の心理を指摘した。

デジタルストーリーテリング

　　1990年代初めにアメリカでメディア・アーティストのD.アチリーらがはじめた一般の人々のメディア表現ワークショップ（Lambert & Hessler 2018）。草の根的に世界中に広がり、イギリスやオーストラリア、トルコなどで国際会議が開催された。日本においても大学を中心に取り組まれている。

ブックガイド

長谷川一・村田麻里子編『大学生のためのメディアリテラシー・トレーニング』三省堂、2015年

　　メディア論に基づきまとめられたメディアリテラシーの教科書。筆者（土屋）は，第11章「写真で地域を物語る」で、人のものの見方を可視化する写真実践について紹介している。

小川明子『デジタル・ストーリーテリング——声なき想いに物語を』リベルタ出版、2016年

　　デジタルストーリーテリング誕生の経緯や世界で広がる取り組みが詳述されている。後半には、著者らが日本で展開したマイノリティの声を拾い上げる協働・対話型のプログラムが紹介され、実践の可能性が論じられる。

リップマン、W.『世論』上・下、掛川トミ子訳、岩波文庫、1987年

　　原語での最初の出版は1922年。第一次世界大戦後にジャーナリストの著者によって書かれた。ステレオタイプという概念を軸に大衆心理の形成過程を描き、大衆社会におけるニュース、真実の機能について論じた。

終章

「メディアスタディーズ」の現在とは？
──批判的思考に裏づけられたレポート作成のために

石田佐惠子

　ここまで、各章を読み進んできた読者であれば、メディア研究^{スタディーズ}の「問い」や「方法」には、さまざまなかたちがあることに気づいただろう。終章では、期末レポートはもちろん、卒業論文の作成にも役立つように、みずからの「問い」を発見し、資料収集を行い、なんらかの分析や考察を加えて、研究レポートにまとめるまでのプロセスを概説することにしよう。さらに、メディア研究の今後の発展につながるヒントについても考えていこう。

1　激変するメディア環境とメディア研究

**近年の急激な
メディア環境の変化**　　2008 年に日本でも iPhone3G が発売されて以来、スマートフォンは急速に普及率を上げ、2013 年を境に携帯電話（いわゆるガラケー）の利用者数を上回り逆転している。マーケティング情報を発信する MRC の調査によると、2019 年 2 月のスマートフォン利用者は全世代で 85 ％を超えており、特に、20〜30 代では、90 ％以上の人がスマートフォンを利用している（MRC 2019）。今や、社会の中の「誰もが」スマートフォンを利用する時代になったといってよい。

　メディア研究でレポートを書こうとする場合、まず、私たちを取り巻くメディア環境の現状についてデータで確認することが必須である。スマートフォンの普及以外にも多くの変化が起こっている。データが豊富に掲載されている学術文献や官公庁統計資料を探してみよう。「昔と違って最近では……」と

いったあいまいな時間表現にならないよう、確実で根拠のあるデータを調べ「1990 年代には……」「2004 年に……」のように、具体的で明確な記述を心がけよう。データを調べていくなかで、よくわからない数字があるとか、こんな点が疑問だ、という違和感を抱いたら、忘れずにメモしていくと、レポートの「問い」につながるかもしれない。

変化を余儀なくされるメディア研究

デジタル化、グローバル化、トランスナショナル化の時代を迎え、メディア環境が大きく変化し、人々のメディア接触・利用方法も様変わりした。それにともない、媒体そのもの／場所／拡がりの範囲によってメディア経験を区別することはますます難しくなっている。メディア経験の従来の分類（手紙や電話、メールといった「パーソナルコミュニケーション」／学校や職場、地域社会を結ぶさまざまな「中間的コミュニケーション」／雑誌や新聞、テレビやラジオを中心とする「マスコミュニケーション」）を、もはや単純に想定することはできないのである。

　メディア環境の劇的変化を受けて、メディア研究もまた変化を余儀なくされている。序章で詳しく論じたように、20 世紀には、新聞・雑誌・映画・ラジオ・テレビなどの「マスメディア」が社会に大きな影響を及ぼすようになり、それらを扱う研究領域も拡大してきた。マスメディアの影響力を計る新聞学・ジャーナリズム研究が発展し、特に 1960 年代以降は、知のあり方や文化支配のありようを根底から考え直す「カルチュラルスタディーズ」（⇒序章キーワード）などの新潮流が登場、社会学・文化人類学・歴史学・地理学・政治学・心理学・教育学・文学研究・美学・芸術学など、さまざまな学問領域を交差するかたちでメディア研究は展開されてきた。今日では、メディア研究にかかわる学問領域は多岐にわたり、領域を横断する学びが求められている。本書を教科書として学んでいる学生たちが所属する学部もまた「社会学部」「文学部」「情報メディア学部」など、さまざまな名称がつけられていることだろう。

2 研究目的にあったさまざまな「方法」を知ろう

メディア研究の蓄積を学ぼう　単に自分の好きなメディアコンテンツについて詳しく説明するだけでは「研究レポート」とはいえない。エッセイや感想文ではない「レポート」には、次の要素が必要だ。研究の①主題（問い）、②対象、③目的と方法、④分析、⑤結論、といった思考プロセスが含まれてこそ、初めてその文章は「研究」に値する水準となることを心しよう。

　本書の各章では、さまざまな主題（問い）の例を紹介してきた。それらの問いには、それぞれ適合する研究目的や方法の組みあわせがある。社会学や心理学、経営学などでは、アンケート調査やビッグデータを数量分析する「量的方法」とインタビューなど「質的方法」を大別するのが一般的（竹下ほか 2019）だが、両者を組みあわせて「混合法」として多角的に主題に迫る方法もある（プラサド 2018）。また、フィールドワークやエスノグラフィーという方法をメディア研究に応用する（野上ほか 2018；日本文化人類学会 2011 など）動きも活発である。こうした先行研究を大いに参照してほしい。

　では、先行研究はどうやって見つけたらいいのだろうか。CiNii（NII 学術情報ナビゲータ）で検索を行う場合、問いの対象そのもの（たとえば、「応援上映」）をキーワードに設定しても 1 件もヒットしないことがある。そんなときには、「映画　フィールドワーク」など、「方法」に意識を向けて検索を行えば、類似した先行研究が見つかるだろう。それらの先行研究に倣ってみずからの問いを発展させることこそ、優れたレポートを書くことの第一歩となる。

メディア研究のさまざまな「方法」とは　メディア研究には、主に、（i）制作者研究、（ii）テクスト研究、（iii）オーディエンス（⇒第 13 章キーワード）研究、の三地点がある。表 15-1 は、J. ストークスに倣って、三地点のそれぞれの研究対象・方法を整理したものである（Stokes 2012）。

　（i）メディア産業組織や制作スタッフについて研究したいなら、**アーカイブ研究**、言説分析、インタビュー、エスノグラフィーといった方法が考えられる。
　（ii）メディアコンテンツそのものを研究したいなら、記号論分析、**内容分析**、

表15-1 メディア研究の三地点とその対象・方法（Stokes（2012）をもとに作成）

地点	(i) 制作者研究	(ii) テクスト研究	(iii) オーディエンス研究
対象	メディア産業組織，プロデューサーなど	メディア・コンテンツ，作品，番組	オーディエンス（視聴者，読者，聴取者，ユーザー）
方法	アーカイブ研究，言説分析，インタビュー，エスノグラフィー	記号論分析，内容分析，言説分析，ジャンル分析，作者研究，スター研究	フォーカスグループ・インタビュー，エスノグラフィー，ライフヒストリー

言説分析、ジャンル分析、作者研究／スター研究（ある作者の作品分析、あるスターの楽曲、歌詞や容姿に特化して分析するのは、「テクスト研究」である。プロダクション／テレビ局／スポンサー／出版社等と、作者／スターとの関係まで視野を広げれば「制作者研究」と位置づけることも可能）。(iii) オーディエンスについて知りたいなら、フォーカスグループ・インタビュー、エスノグラフィー、ライフヒストリーなど。

　特に、SNS の普及にともない、オーディエンスが受容者であると同時に発信者にもなりうる時代には、オーディエンスを単に (iii) の地点とするのではなく、(i) 発信者の地点を含めて両側面から研究する必要がある。だが、その場合にも、SNS の技術基盤を提供する企業（GAFA など）についての考察を忘れてはならない。SNS ユーザーは、それらの技術基盤のうえに活動しているのであり、みずからの自由意思のみに基づいて発信しているわけではないことに注意しよう。

ワーク1

　期末レポートの準備として本書全体を再読し、各章がメディア研究のどの地点をどのような方法で論じているのか、表 15−1 の用語から選んで、一覧表にしてみよう。特に関心のある研究地点や方法について、その特長をメモしてみよう。

　みずからがレポートの主題として考えた問いは、表 15−1 のどこに位置しているのか、そして、どの方法が適切なのか、明確に意識して書きはじめよう。

3　メディア研究の資料とは何か

資料の「全体性」を
見極めよう

　レポートの問いが決まり方法の目処が立ったら、次にするべきことは資料収集である。メディア研究の資料はどのように収集すればいいのだろうか。

　佐藤健二は、メディア資料の分析に必要な条件として次の2点を指摘する。（あ）対象とする資料の「全体」を定義すること。また、その「全体」には、いくつもの水準があることに気づいていること。（い）個別状況にひきずられやすい事例の解釈を「関連ケース」として重ねあわせ、説明力を高めること（佐藤 2011：218-219、記号は引用者）。

　たとえば、「ツイッターにおけるハッシュタグ機能を用いた社会運動」という出来事に関心をもって主題に選んだとしよう。一人だけの発信者、あるいは少数のツイートだけを資料にして分析できることは少ない。そこで、主題にかかわるキーワードで検索し、関連する「すべてのツイート」を保存し、資料として分析すればいいと考えるかもしれない。数か月程度のツイートでも膨大な量になるので、第一段階では、資料の「全体」を定義することができるだろう。

　もしその出来事が新聞やテレビによって社会に拡大していった場合、ツイッター資料のみでは社会の「部分」にすぎなくなる。そこで、新聞記事データベースを用いてキーワード検索すると別の「全体」が見つかる。いくつかの新聞・雑誌記事データベースを組みあわせれば、より広範囲な資料の「全体」を見出すことができる。

　最後に、それらを対照して解釈すれば、より広い社会的脈絡から出来事を分析することが可能になる。できる限り多くの資料に依拠し、いくつもの「全体」を組みあわせることで、個人の経験のレベルを超えて、社会的出来事に近づく説得力の高いレポートを書くことができるだろう。

どこでどのように
資料収集できるか？

　第1節では、メディア環境の変化がメディア研究を大きく変えつつあると述べたが、その変化は、資料収集が容易になったこと、多種多様な資料にアクセスできるようになったことに

端的に表れている。たとえば、新聞・雑誌記事データベースの利用は、かつては大学図書館内に限られていたが、インターネットの普及と発展にともない自宅や自分のパソコンからでも容易にアクセスできるようになった。利用方法は大学によって異なるので、各図書館のホームページやレファレンスカウンターで尋ねてみてほしい。国立国会図書館リサーチ・ナビ（巻末の引用文献一覧参照）では、豊富なデータベースにアクセスすることができ、調べ方そのもののヒントも得られるので大いに活用しよう。

　過去のテレビ番組やCMなどについても各種の施設利用が可能である（石田2015）。有料のところもあるが、NHKや民放各社も番組のネット配信をはじめているので、体系的に過去のメディア資料が得られるようになっている。

　インターネット上の各種記事については、2004年以降のデータに限られているが、ロボット型ニュース検索サイト「ceek.jp」がコンパクトで有用である。

　現在では、学術文献や図書を検索する特別なサイトや、メディア資料を検索するために特化したデータベースがいくつもあり、多くの場合、誰でも自由に利用できるように公開されている。大学で学びはじめるとき、まずそれらの使い方を身につけることこそ、学術的な思考へ向かう第一歩となる。

　本書第Ⅲ部「メディアで境界を越える」では、特にグローバル化・トランスナショナル時代のメディア経験に焦点を当てた研究事例を紹介した。インターネットに代表されるように、現在のメディア環境は国境を越えて拡大し、人々のメディア経験も一つの場所に限定されないものとなっている。そのような主題を展開する場合、資料収集も国境や言語を越えてなされる必要がある。最新のメディア研究では**方法論的ナショナリズムの限界**が指摘されており（藤田2018）、私たちの身近なメディア経験においてもそれは当てはまる。視野を広げて、〈国内〉以外のさまざまな資料収集を積極的に心がけよう。

4　実践的な知を深める、そして、書くという実践

メディア研究とメディアリテラシーの三水準　「メディア研究」とは、文字通りメディアのありようや成り立ちを研究するものだが、それは何のためになされるのだろうか。最後の節では、メディア研究の目的に着目してみよう。

　メディア研究が発展してきた1990年代に、時を同じくして展開してきた別
の系譜に「メディアリテラシー」がある。メディアリテラシーとは「メディア
の読み書き能力」と定義され、メディアが構成する世界を批判的にとらえ返す
力を養うような教育運動を意味している（鈴木編 2001；長谷川・村田編 2015 など）。
メディア研究の系譜とメディアリテラシーの系譜には相互に影響関係があり重
なりあう部分も多いが、メディア研究が研究実践であるのに対して、メディア
リテラシーは教育運動であるから、ワークショップ型の学習方法や実践的な学
びのプロセスが数多く提案され、さまざまな試みが展開されてきた点に大きな
特長がある。

　水越伸は、メディア研究とメディアリテラシーをその目的によって三つの水
準に分類し、表15-2のように相互の系譜を関連づけている（Mizukoshi 2019）。

　まず、メディア研究／メディアリテラシーのIの水準では、メディアテクス
トの批判的な読み解きが中心となる。その目的は、既存のメディア産業がもた
らす世界像や主流なイメージを「批判的に読み解く」ことである。次に、IIの
水準では、メディア表現や実践を中心的に扱う。その目的は、既存のメディア
表現をより積極的に変えていこうとする企てを含んでいる。IIIの水準では、新
しいメディアのデザインと企画立案を扱う。単に既存のメディア産業やそのテ
クストを批判するだけにとどまらず、別の仕組みを提言する視座を含む。

　このように整理すると、本書の各章で提案されてきたワークには、このI～
IIIの各水準がちりばめられていることに気づくだろう。本書は初学者向けの入
門書であるから、必然的にIの水準のワークが多くなっているが、I・II・III
はそれぞれ別々の実践ではなく、IIやIIIを展開するためにはIこそ基本である
ことを十分に理解してほしい。そして、メディア研究の目的をしっかりと意識

表15-2　メディア研究とメディアリテラシーの三水準（Mizukoshi（2019）を元に作成）

	メディア研究	メディアリテラシー	対応する学科名
I	テクスト分析を扱う	批判的読みのための〜	メディア分析
II	表現と実践を扱う	能動的表現のための〜	メディア表現
III	新たなメディアのデザインと企画立案を扱う	メディア・エコロジーとインフラストラクチャーをデザインするための〜	メディア設計

して実践的な知を深めていってほしい。

ワーク 2

　本書全体を通読し、各章の各ワークの目的を、表15-2のⅠ・Ⅱ・Ⅲの水準にレベル分けしてみよう。自分自身が特におもしろいと感じたワークについて、なぜそう思ったのか、レポートにつながるような問いをメモしてみよう。

批判的思考に
裏づけられた提言

　さて、ここまでの作業で、期末レポートを書く準備が整った。データを確認し、関連する先行研究を参照し、問いを立て、対象となるメディア資料を収集する手順を述べてきた。先行研究に倣って方法と目的を意識しながら、レポートを設計し、書き上げよう。

　苅谷剛彦によれば、批判的思考は批判的読書によって養われるという。「批判的」とは、対象となる主題を単純に否定的にとらえることではなく、読み手が書き手（著者）と「対等な立場に立って読む」という態度である。批判的思考を深めるために、①内容をそのまま信じない、②著者のねらいを十分に理解する、③著者の論理を丹念に追う、④著者の前提を疑う、という四つのポイントが紹介されている（苅谷 1996）。

　さらに、苅谷は、批判的思考を深めるためにより重要なことは、「読む」だけではなく「書く」という実践であると述べる。これは、メディアの「読み書き能力」を重視するメディアリテラシーの目標とも重なるものだ。

　レポートを書くということは、授業単位の修得のためだけにするのではない。みずからの批判的思考を深めるために、「書くという実践」が重要なのである。そして、批判的にメディアを読み解くことから、既存のメディア表現をより積極的に変えていこうとする企てや、新しいメディアのデザインを考え、別のありようを提言する視座へと展開するようなレポートをめざしてほしい。

　メディア研究は、私たちの日常経験そのものを扱うがゆえに、その実践を通して、これまで見えていなかったまったく新しい視界を私たちにもたらす。読者のみなさんも、そのおもしろさを手に入れ、ぜひ実践してみよう。

キーワード

アーカイブ研究

アーカイブ（archive）とは「古文書／保存記録」を意味する。アーカイブ研究では、メディアの保存記録を分析対象とする。制作者研究の場合、新聞・雑誌のインタビュー記事やテレビ出演での語りなど、さまざまな形態の保存資料が利用できる。さらに、番組アーカイブなどを利用して、テクスト研究と組みあわせることもできる。

内容分析

マスコミュニケーション研究における実証研究の方法の一つ。コンテンツ分析とも言う。内容分析の必要条件は、①明示的内容のみを扱う、②客観的な分析、③体系的分析、④結果が数量的に把握できる、の四つとされている（有馬 2007：2）。検索の容易さから新聞記事や雑誌記事などがしばしば対象に選ばれるが、写真や音声、映像など、あらゆる種類のメディアコンテンツが分析可能。

方法論的ナショナリズムの限界

研究上グローバル化があまり意識されていなかった時代には、一国のなかで人々のメディア経験が完結していると想定し国内での資料収集を前提としていた。これを「方法論的ナショナリズム」と呼ぶ。これに対して、現在のメディア経験では、メディア産業・コンテンツ・流通・消費・意味作用のすべての側面が一国内にはとどまらなくなっており、複数地点での調査や資料収集が求められている。

ブックガイド

辻泉・南田勝也・土橋臣吾編『メディア社会論』有斐閣、2018 年

第 1 部「メディアの来歴」には、メディアのこれまでの発展と展開の歴史が豊富なデータとともにまとめられており、基礎知識を学ぶのに役立つ。第 2 部「メディアの功罪」では現在の問題点・論点を、第 3 部「メディア社会の構想」では未来の可能性についても考えることができる。

藤田真文編『メディアの卒論──テーマ・方法・実際〈第 2 版〉』ミネルヴァ書房、2016 年

メディアを題材に卒業論文を書くための手引書。主なテーマごとに、言説分析、内容分析、視聴者研究、エスノグラフィー、メディア産業論などの方法が詳しく紹介されている。卒業論文に限らず、きちんとした研究レポートを書くための必携書。

伊藤守編『よくわかるメディア・スタディーズ〈第 2 版〉』ミネルヴァ書房、2015 年

「メディア・スタディーズ」というタイトルを冠した数少ない日本語の本。多くの学説や理論家、主題やキーワードについて、コンパクトに学ぶことができる。辞書的に手元に置きたい一冊。

引用文献一覧

〈はしがき〉

シルバーストーン，R., 2003『なぜメディア研究か——経験・テクスト・他者』吉見俊哉・伊藤守・土橋臣吾訳，せりか書房

吉見俊哉，2011『大学とは何か』岩波新書

〈序　章〉

赤川学，1999『セクシュアリティの歴史社会学』勁草書房

飯田豊・立石祥子，2017「はじめに」飯田豊・立石祥子編『現代メディア・イベント論——パブリック・ビューイングからゲーム実況まで』勁草書房

石田あゆう，2006『ミッチー・ブーム』文春新書

石田英敬，2016『大人のためのメディア論講義』ちくま新書

上山隆大，2010『アカデミック・キャピタリズムを超えて——アメリカの大学と科学研究の現在』NTT出版

大石裕，2016『コミュニケーション研究——社会の中のメディア　第4版』慶應義塾大学出版会

岡井崇之，2004「言説分析の新たな展開——テレビのメッセージをめぐる研究動向」『マス・コミュニケーション研究』(64)，学文社

クドリー，N., 2018『メディア・社会・世界——デジタルメディアと社会理論』山腰修三監訳，慶応義塾大学出版会

佐藤卓己，2018『現代メディア史 新版』岩波書店

チョムスキー，N.／ハーマン，E. S., 2007『マニュファクチャリング・コンセント——マスメディアの政治経済学1』中野真紀子訳，トランスビュー

津田正太郎，2016『メディアは社会を変えるのか——メディア社会論入門』世界思想社

トンプソン，N., 2018『文化戦争——やわらかいプロパガンダがあなたを支配する』大沢章子訳，春秋社

中村雄二郎，1981「言語表現とは何か」フーコー，M.『言語表現の秩序』中村雄二郎訳，河出書房新社

橋元良明，2011『メディアと日本人——変わりゆく日常』岩波新書

長谷正人，2015「メディアの物質性——研究の方法1」伊藤守編『よくわかるメディア・スタ

ディーズ　第2版』ミネルヴァ書房

林香里，2017『メディア不信——何が問われているのか』岩波新書

広田照幸，2001『教育言説の歴史社会学』名古屋大学出版会

福田直子，2018『デジタル・ポピュリズム——操作される世論と民主主義』集英社新書

福間良明・山口誠編，2015『「知覧」の誕生——特攻の記憶はいかに創られてきたのか』柏書房

ホドキンソン，P., 2016『メディア文化研究への招待——多声性を読み解く理論と視点』土屋武久訳，ミネルヴァ書房

マクガイヤ，W., 2005「1950年代のイェール大学におけるコミュニケーションと態度変容研究プログラム」デニス，E.／ウォーテラ，E.編『アメリカ-コミュニケーション研究の源流』伊達康博・藤山新・末永雅美・四方由美・栢沼利朗訳，春風社

マクルーハン，M., 1987『メディア論——人間の拡張の諸相』栗原裕・河本仲聖訳，みすず書房

マッスミ，B., 2014「恐れ〈スペクトルは語る〉」（伊藤守訳），伊藤守・毛利嘉孝編『アフター・テレビジョン・スタディーズ』せりか書房

山本昭宏，2012『核エネルギー言説の戦後史1945-1960——「被爆の記憶」と「原子力の夢」』人文書院

吉見俊哉，2003『カルチュラル・ターン，文化の政治学へ』人文書院

————，2012『メディア文化論——メディアを学ぶ人のための15話 改訂版』有斐閣

ラザースフェルド，P.／マートン，R. K., 1968「マス・コミュニケーション，大衆の趣味，組織的な社会的行動」シュラム，W.編『マス・コミュニケーション——マス・メディアの総合的研究』学習院大学社会学研究室訳，東京創元新社

ラスウェル，H. D., 1968「マス・コミュニケーションの構造と機能 社会におけるコミュニケーションの構造と機能」シュラム，W.編『マス・コミュニケーション——マス・メディアの総合的研究』学習院大学社会学研究室訳，東京創元新社

Hall, S.,1982, "The rediscovery of 'ideology': return of the repressed in media studies", Gurevitch, M., Bennett, T., Curran, J. & Wollacott, J., *Culture, Society and the Media*, Routledge

〈第1章〉

クリスタキス，N. A.／ファウラー，J. H., 2010『つながり——社会的ネットワークの驚くべき

力』鬼澤忍訳，講談社

高史明，2015『レイシズムを解剖する――在日
　コリアンへの偏見とインターネット』勁草書房

笹原和俊，2018『フェイクニュースを科学する
　――拡散するデマ，陰謀論，プロパガンダの
　しくみ』化学同人

サンスティーン，C.，2018『#リパブリック――
　インターネットは民主主義になにをもたらすの
　か』伊達尚美訳，勁草書房

菅原琢，2009『世論の曲解――なぜ自民党は大
　敗したのか』光文社新書

田中辰雄・山口真一，2016『ネット炎上の研究
　――誰があおり，どう対処するのか』勁草書
　房

橋元良明編，2016『日本人の情報行動 2015』東
　京大学出版会

パリサー，E.，2016『フィルターバブル――イン
　ターネットが隠していること』井口耕二訳，ハ
　ヤカワ文庫 NF

ミル，J. S.，2012『自由論』斉藤悦則訳，光文社
　古典新訳文庫

Pew Research Center, 2017, "The Partisan Divide
　on Political Values Grows Even Wider", 2019 年
　7 月 18 日 取 得 https://www. people-press.
　org/2017/10/05/the-partisan-divide-on-political-
　values-grows-even-wider/

〈第 2 章〉
NHK，2018「なぜ起きた？　弁護士への大量懲
　戒請求」『クローズアップ現代＋』，2020 年 2
　月 20 日 取 得，https://www. nhk. or. jp/gendai/
　articles/4200/

奥村倫弘，2010『ヤフー・トピックスの作り方』
　光文社新書

公益財団法人新聞通信調査会，2019『第 12 回メ
　ディアに関する全国世論調査』2020 年 3 月 3
　日 取 得，https://www. chosakai. gr. jp/wp/wp-
　content/uploads/2019/11/N191128-05.pdf

総務省情報通信政策研究所，2019『平成 30 年度
　情報通信メディアの利用時間と情報行動に関す
　る調査報告書〈概要〉』2020 年 2 月 20 日取得，
　https://www.soumu.go.jp/main_content/0006441
　66.pdf

藤代裕之，2014「誰もがジャーナリストになる
　時代――ミドルメディアの果たす役割と課題」
　遠藤薫編『間メディア社会の「ジャーナリズ
　ム」――ソーシャルメディアは公共性を変え
　るか』東京電機大学出版局

――，2017『ネットメディア覇権戦争――
　偽ニュースはなぜ生まれたか』光文社新書

――，2018「スマートフォン時代における

「ニュース」の研究――大学生のニュース接触
　調査から」『日経広告研究所報』52(3)

Benkler, Y., Faris, R., Roberts, H., & Zuckerman,
　E., 2017, "Study: Breitbart-led right-wing media
　ecosystem altered broader media agenda",
　Columbia Journalism Review 3., 2020 年 2 月 20
　日 取得，https://www. cjr. org/analysis/breitbart-
　media-trump-harvard-study.php

Caulfield, M., 2017, Web Literacy for Student Fact-
　Checkers, 2019 年 8 月 31 日 取 得，https: //
　webliteracy.pressbooks.com/

Mantzarlis, A., 2018, "MODULE 5: Fact-
　checking", Journalism, 'Fake News' and
　Disinformation: A Handbook for Journalism
　Education and Training, UNESCO, 2020 年 2 月
　26 日 取 得，https://en. unesco. org/sites/default/
　files/module_5.pdf

Posetti, J. & Matthews, A., 2018, "A Short Guide to
　the History of 'Fake News' and Disinformation:
　A New ICFJ Learning Module", International
　Center for Journalists, 2020 年 2 月 26 日取得，
　https://www. icfj. org/news/short-guide-history-
　fake-news-and-disinformation-new-icfj-learning-
　module

Silverman, C. & Alexander, L., 2016, "How Teens
　In The Balkans Are Duping Trump Supporters
　With Fake News" BuzzFeedNews, 2020 年 2 月
　26 日 取 得，https://www. buzzfeednews. com/
　article/craigsilverman/how-macedonia-became-a-
　global-hub-for-pro-trump-misinfo

〈第 3 章〉
アーリ，J.，2015『モビリティーズ――移動の社
　会学』吉原直樹・伊藤嘉高訳，作品社

金暻和，2019「触覚的写真――モバイル・スク
　リーンの人類学」光岡寿郎・大久保遼編『スク
　リーン・スタディーズ――デジタル時代の映
　像／メディア経験』東京大学出版会

バジャック，Q.，2003『写真の歴史』伊藤俊治監
　修，遠藤ゆかり訳，創元社

バッチェン，G.，2010『写真のアルケオロジー』
　前川修・佐藤守弘・岩城覚久訳，青弓社

バッチェン，G.，甲斐義明・小原真史，2010『時
　の宙づり――生・写真・死』NOHARA

マノヴィッチ，L.，2018「インスタグラムと現代
　イメージ」久保田晃弘・きりとりめぐる編訳
　『インスタグラムと現代視覚文化論――レフ・
　マノヴィッチのカルチュラル・アナリティクス
　をめぐって』ビー・エヌ・エヌ新社

Collection of Museum of the City of New York,
　"Byron Company (New York, N. Y.)", 2019 年 7 月

30 日 取 得, https://collections. mcny. org/
Collection/Uncle%20Joe%20Byron, %20Pirie%20
MacDonald, %20Colonel%20Marceau, %20Pop%
20Core, %20Ben%20Falk-New%20York%20Dec.
%201920.-2F3XC58B7S_O.html
Gunthert, A., 2017 " Aux sources du Noyé", *L'image
sociale: Le carnet de recherches d'André Gunthert*,
2019 年 7 月 30 日取得, https://imagesociale.
fr/4516

〈第 4 章〉
JSAPS 調査委員会, 2019「第 1 回全国美容医療
実態調査　最終報告書（公表用）」2019 年 12 月
4 日取得, https://www.jsaps.com/jsaps_explore.
html
谷本奈穂, 2008『美容整形と化粧の社会学――
プラスティックな身体』新曜社
――, 2018『美容整形というコミュニケー
ション――社会規範と自己満足を超えて』花
伝社
――, 2019「美容整形のきっかけとは？」
友枝敏雄・山田真茂留・平野孝典編『社会学で
描く現代社会のスケッチ』みらい
近森高明, 2014「都市文化としての現代文化」
井上俊編『全訂新版　現代文化を学ぶ人のため
に』世界思想社

〈第 5 章〉
治部れんげ, 2018『炎上しない企業情報発信
――ジェンダーはビジネスの新教養である』
日本経済新聞出版社
内閣府, 2019『令和元年度　男女共同参画社会
に関する世論調査』2020 年 2 月 21 日取得,
https://survey.gov-online.go.jp/r01/r01-danjo/zh/
z13.html
日本民間放送連盟『日本民間放送連盟　放送基
準』2020 年 2 月 21 日取得, https://www.j-ba.
or.jp/category/broadcasting/jba101032
ビデオリサーチ, 2019「2019 年 3 月 7 日プレス
リリース　2018 年の年間テレビ CM 出稿動向
まとまる　CM 出演タレントは, 関東地区
「濱田岳」がトップ「竹内涼真」も大躍進！」
2020 年 2 月 25 日取得, https://www.videor.co.
jp/press/2019/190307.htm
村田玲子, 2018a「今 TVCM に求められる「家
事表現」に関する考察（上）」『日経広告研究所
報』52(4)
村田玲子, 2018b「今 TVCM に求められる「家
事表現」に関する考察（下）」『日経広告研究所
報』52(5)
Abitbol, A. & Sternadori, M., 2016, "You Act Like

A Girl: An examination of consumer perceptions
of femvertising", *Quartely Review of Business
Disciplines*, 3(2)
Davidson, L., 2015, "Femvertising: Advertisers cash
in on #feminism", 2017 年 9 月 20 日取得, http:
//www. telegraph. co. uk/women/womens-
life/11312629/Femvertising-Advertisers-cash-in-
on-feminism.html

〈第 6 章〉
石川准, 1992『アイデンティティ・ゲーム――
存在証明の社会学』新評論
NHK, 2016「バリバラ　【生放送】　検証！「障
害者×感動」の方程式」2020 年 2 月 26 日取得,
http://www6. nhk. or. jp/baribara/lineup/single.
html?i=239
土屋葉, 2010「「真実の感動物語」を読み解く」
倉本智明編『手招きフリーク――文化と表現
の障害学』生活書院
星加良司, 2011「障害者は「完全な市民」にな
りえるか？」松井彰彦・川島聡・長瀬修編『障
害を問い直す』東洋経済新報社
好井裕明, 1999『批判的エスノメソドロジーの
語り――差別の日常を読み解く』新曜社
BBC, 2000, "Producers' Guidelines: The BBC's
Values and Standards", 2019 年 11 月 12 日取得,
http: //downloads. bbc. co. uk/guidelines/
editorialguidelines/ Legacy_Guidelines/ 2000-
producers-guidelines.pdf
Longmore, P. K., 2015, *Telethons: Spectacle,
Disability, and the Business of Charity*, Oxford
University Press.
Young, S., 2014, "I'm not your inspiration, thank
you very much, TEDxSydney"（ステラ・ヤング
「私は皆さんの感動の対象ではありません, どうぞ
よろしく」), 2020 年 2 月 26 日取得, https://
www.youtube.com/watch?v=8K9Gg164Bsw

〈第 7 章〉
浅野健一, 1984『犯罪報道の犯罪』学陽書房
伊藤詩織, 2017『Black Box』文藝春秋
大庭絵里, 1988「犯罪報道におけるニュース決
定」『法学セミナー増刊総合特集シリーズ』
(39) 日本評論社
河原理子, 1999『犯罪被害者――いま人権を考
える』平凡社新書
小玉美意子・中正樹・黄允一, 1999「雑誌にお
ける女性被害者報道の分析――事例研究：「東
京電力女性社員殺人事件」を「学習院大男子学
生殺人事件」と比較する」『ソシオロジスト』
1(1)

小林美佳，2008『性犯罪被害にあうということ』朝日新聞出版

四方由美，2014『犯罪報道におけるジェンダー問題に関する研究——ジェンダーとメディアの視点から』学文社

鈴木智之，2013『「心の闇」と動機の語彙——犯罪報道の 1990 年代』青弓社

武田徹，2018「フェイクニュース時代の正しさのゆくえ」『世界思想』(45)

内閣府政府広報室，2017「「治安に関する世論調査」の概要」2019 年 9 月 3 日取得，https://survey.gov-online.go.jp/tokubetu/h29/h29-chiang.pdf

日本弁護士連合会編，1976『人権と報道』日本評論社

浜井浩一，2013『罪を犯した人を排除しないイタリアの挑戦——隔離から地域での自立支援へ』現代人文社

浜井浩一・芹沢一也，2006『犯罪不安社会——誰もが「不審者」？』光文社新書

浜井浩一編，2013『犯罪統計入門　第 2 版——犯罪を科学する方法』日本評論社

法務省法務総合研究所，2011『平成 23 年版　犯罪白書——少年・若年犯罪者の実態と再犯防止』日経印刷

————，2018『平成 30 年版　犯罪白書——進む高齢化と犯罪』昭和情報プロセス

矢島正見，1991「犯罪報道の社会学的分析」『犯罪と非行』(90)，日立みらい財団

リップマン，W.，1987『世論』上・下，掛川トミ子訳，岩波文庫

〈第 8 章〉

柄本三代子，2016『リスクを食べる——食と科学の社会学』青弓社

加藤尚武，2011『災害論——安全性工学への疑問』世界思想社

総務省情報通信政策研究所，2018『平成 29 年情報通信メディアの利用時間と情報行動に関する調査報告書』2019 年 4 月 21 日取得，https://www.soumu.go.jp/main_content/000564530.pdf

ブルデュー，P.，1990『ディスタンクシオン——社会的判断力批判』Ⅰ・Ⅱ，石井洋二郎訳，藤原書店

ルーマン，N.，2014『リスクの社会学』小松丈晃訳，新泉社

〈第 9 章〉

アパドゥライ，A.，2010『グローバリゼーションと暴力——マイノリティーの恐怖』藤倉達郎訳，世界思想社

飯田卓，2004「異文化のパッケージ化——テレビ番組と民族誌の比較をとおして」『文化人類学』69(1)

川島浩平，2012『人種とスポーツ——黒人は本当に「速く」「強い」のか』中公新書

窪田暁，2016『「野球移民」を生みだす人びと——ドミニカ共和国とアメリカにまたがる扶養義務のネットワーク』清水弘文堂書房

サッセン，S.，1992『労働と資本の国際移動——世界都市と移民労働者』森田桐郎他訳，岩波書店

佐藤知久，2015「フィールド哲学とは何か——思考するために適した場所で考えること」佐藤知久・比嘉夏子・梶丸岳編『世界の手触り——フィールド哲学入門』ナカニシヤ出版

竹沢泰子，2016「刊行のことば」川島浩平・竹沢泰子編『人種神話を解体する 3 ——「血」の政治学を越えて』東京大学出版会

二宮清純，2017「ソフトバンク・千賀滉大「ゼニの取れるフォーク」が生まれるまで」週刊現代デジタル版，2017 年 10 月 22 日，2019 年 7 月 23 日取得，https://gendai.ismedia.jp/articles/-/53172

松田素二，1992「民族再考——近代の人間文節の魔法」『インパクション』(75)

〈第 10 章〉

アパデュライ，A.，2004『さまよえる近代——グローバル化の文化研究』門田健一訳，平凡社

NHK「COOL JAPAN とは」2019 年 8 月 10 日取得，https://www4.nhk.or.jp/cooljapan/23/

大塚英志・大澤信亮，2005『「ジャパニメーション」はなぜ敗れるか』角川新書

クールジャパン機構「会社概要」2020 年 2 月 25 日取得，https://www.cj-fund.co.jp/about/company.html

後藤和子，2013『クリエイティブ産業の経済学——契約，著作権，税制のインセンティブ設計』有斐閣

サイード，E.W.，1993『オリエンタリズム』上・下，板垣雄三・杉田英明監修，今沢紀子訳，平凡社ライブラリー

杉山知之，2006『クール・ジャパン——世界が買いたがる日本』祥伝社

毛利嘉孝，2014「批判的クリエイティブ産業論へ——社会的エンジニアリングに抗して」伊藤守・毛利嘉孝編『アフター・テレビジョン・スタディーズ』せりか書房

森井良行，2017「MCM や KENZO…往年のバブルブランド復活の理由」2019 年 8 月 14 日取得，http://news.line.me/issue/oa-allabout/d07ac7

91276c

Hartley, J. ed., 2005, *Creative industries*, Blackwell Pub.

Lobato, R., 2019, *Netflix Nations: The Geography of Digital Distribution*, New York University Press.

McGray, D., 2002, "Japan's Gross National Cool", *Foreign Policy*, November/December.

Miller, T., 2005, *Global Hollywood 2* (2nd ed.), BFI Publishing.

〈第 11 章〉

金成玟, 2018『K-POP——新感覚のメディア』岩波新書

シン・ヒョンジュン, 2010「韓国ポップの現状」(水谷清佳訳), 井上貴子編『アジアのポピュラー音楽——グローバルとローカルの相克』勁草書房

SM ENTERTAINMENT, 2014「Red Velvet 레드벨벳 '행복 (Happiness)' MV」2014 年 8 月 3 日取得, https://www. youtube. com/watch? v= JFgv8bKfxEs

〈第 12 章〉

有川正俊, 2008「エゴセントリック・マッピング」村越真・若林芳樹編『GIS と空間認知——進化する地図の科学』古今書院

大阪コミュニティ・ツーリズム推進連絡協議会「大阪湾に浮かぶ水の島・大正区——沖縄心に風が吹くまち』『大阪あそ歩』2020 年 2 月 27 日取得, https://www.osaka-asobo.jp/course/pdf/m/open/i/41?1565769890317

鈴木謙介, 2007『ウェブ社会の思想——〈遍在する私〉をどう生きるか』NHK 出版

土橋臣吾, 2018「ユビキタス／ビッグデータの功罪——「わたし」という閉域, 「みんな」の可視化」辻泉・南田勝也・土橋臣吾編『メディア社会論』有斐閣

ハーレー, B., 2001「地図と知識, そして権力」コスグローブ, D.／ダニエルス, S. 編『風景の図像学』千田稔・内田忠賢監訳, 地人書房

ライアン, D., 2002『監視社会』河村一郎訳, 青土社

レルフ, E., 1999『場所の現象学——没場所性を越えて』高野岳彦・阿部隆・石山美也子訳, ちくま学芸文庫

Google「Google について」2020 年 2 月 4 日取得, https://about.google/intl/ja/

————『Google マップ』2019 年 8 月 27 日取得, https://www. google. co. jp/maps/@34. 6460906,135.4784868,16z?hl=ja

〈第 13 章〉

浅野智彦, 2001『自己への物語論的接近——家族療法から社会学へ』勁草書房

池上賢, 2019『"彼ら"がマンガを語るとき, ——メディア経験とアイデンティティの社会学』ハーベスト社

上野千鶴子, 2005「脱アイデンティティの理論」上野千鶴子編『脱アイデンティティ』勁草書房

エリクソン, E. H., 2011『アイデンティティとライフサイクル』西平直・中島由恵訳, 誠信書房

ギデンズ, A., 2005『モダニティと自己アイデンティティ——後期近代における自己と社会』秋吉美都・安藤太郎・筒井淳也訳, ハーベスト社

木村忠正, 2012『デジタルネイティブの時代——なぜメールをせずに「つぶやく」のか』平凡社新書

桜井厚, 2002『インタビューの社会学——ライフストーリーの聞き方』せりか書房

————, 2012『ライフストーリー論』弘文堂

髙橋利枝, 2016『デジタルウィズダムの時代へ——若者とデジタルメディアのエンゲージメント』新曜社

タプスコット, D., 2009『デジタルネイティブが世界を変える』栗原潔訳, 翔泳社

デンジン, N. K., 1992『エピファニーの社会学——解釈的相互作用論の核心』関西現象学的社会学研究会編訳・片桐正隆他訳, マグロウヒル出版

橋元良明・奥律哉・長尾嘉英・庄野徹, 2010『ネオ・デジタルネイティブの誕生——日本独自の進化を遂げるネット世代』ダイヤモンド社

米沢嘉博, 2006「コミックマーケットの成長と成熟 (1981 年～2000 年)」小学館漫画賞事務局・小学館クリエイティブ・竹内オサム・米沢嘉博・ヤマダトモコ編『現代漫画博物館——1945-2005』小学館

ロス, K.／ナイチンゲール, V., 2007『メディアオーディエンスとは何か』児島和人・髙橋利枝・阿部潔訳, 新曜社

Abercrombie, N., & Longhurst, B., 1998, *Audiences: A Sociological Theory of Performance and Imagination*, Sage Publications.

Hartley, J., 1992, "Invisible Fictions", *Tele-ology: studies in television*, Routledge.

Morley, D., 1980, *The Nationwide Audience: structure and decoding*, British Film Institute.

〈第 14 章〉

アルヴァックス, M., 1989『集合的記憶』小関藤

一郎訳，行路社

小川明子，2016『デジタル・ストーリーテリング——声なき想いに物語を』リベルタ出版

土屋祐子，2019『「メディウムフレーム」からの表現——創造的なメディアリテラシーのために』広島経済大学出版会

———『地域を語り継ぐ自己メディア表現とコミュニケーション——リレー型デジタルストーリーテリング』2020年2月26日取得，http://narrative.relay.media-literacy.net/

リップマン，W.，1987『世論』上・下，掛川トミ子訳，岩波文庫

Lambert, J. & Hessler, B., 2018, *Digital Storytelling: Capturing Lives, Creating Community*, 5th ed., Routledge.

〈終　章〉

有馬明恵，2007『内容分析の方法』ナカニシヤ出版

石田佐恵子，2015「アーカイブの公共性」伊藤守編『よくわかるメディア・スタディーズ〈第2版〉』ミネルヴァ書房

苅谷剛彦，1996『知的複眼思考法』講談社

国立国会図書館リサーチ・ナビ，2019年10月21日取得，https://rnavi.ndl.go.jp/rnavi/

佐藤健二，2011『社会調査史のリテラシ——方法を読む社会学的想像力』新曜社

鈴木みどり編，2001『メディア・リテラシーの現在と未来』世界思想社

竹下俊郎・辻大介・千葉涼・横山智哉・北村智，2019「特集メディア研究における量的研究法

の現在」『マス・コミュニケーション研究』(95)

日本文化人類学会監修，2011『フィールドワーカーズ・ハンドブック』世界思想社

野上元・藤田結子・小林聡明・木村忠正・加島卓，2018「特集メディア研究・ジャーナリズム研究における質的研究法の現在」『マス・コミュニケーション研究』(93)

長谷川一・村田麻里子編，2015『大学生のためのメディアリテラシー・トレーニング』三省堂

藤田結子，2018「グローバリゼーションをいかに記述するのか——ニュース制作とオーディエンスのエスノグラフィーを中心に」『マス・コミュニケーション研究』(93)

プラサド，P.，2018『質的研究のための理論入門——ポスト実証主義の諸系譜』箕浦康子訳，ナカニシヤ出版

ceek.jp ロボット型ニュース検索サイト，2019年9月9日取得，http://news.ceek.jp/

Mizukoshi, S., 2019, "Stereotype and Bias: Toward a New Literacy for Media Infrastructure", at the Cultural Typhoon Conference, Keio University.

MRC（Marketing Research Camp），2019「【最新版】2019年のスマホ普及率を年代・地域・年代別に大公開！　まさにスマホオンリー時代！マーケティングがこれからどう変わるべきか予想してみた。」ジャストシステム，2019年8月10日取得，https://marketing-rc.com/article/20160731.html

Stokes, J., 2012, *How to Do Media and Cultural Studies*, 2nd ed., Sage Publications Ltd

紹介動画一覧

（リンクの確認は，2020年2月26日時点）

〈序　章〉

NHK，2015
『新・映像の世紀　第2集　グレートファミリー　新たな支配者』
https://www.nhk.or.jp/special/eizo/feature/directors02/

NHK，2016
『新・映像の世紀　第6集　あなたのワンカットが世界を変える』
https://www.nhk.or.jp/special/eizo/feature/directors06/

〈第6章〉

Young, S., 2014
"I'm not your inspiration, thank you very much, TEDxSydney"
（ステラ・ヤング「私は皆さんの感動の対象ではありません，どうぞよろしく」）
https://www.youtube.com/watch?v=8K9Gg164Bsw

〈第8章〉

IWJ（Independent Web Journal），2015
「第20回「県民健康調査」検討委員会 2015.8.31　全編動画 6/8」
https://iwj.co.jp/wj/open/archives/260730

〈第11章〉

SM ENTERTAINMENT, 2014
「Red Velvet 레드벨벳 '행복 （Happiness）' MV」
https://www.youtube.com/watch?v=JFgv8bKfxEs

〈第14章〉　広島経済大学土屋祐子研究室
「2017広島城を歩いて」

『地域を語り継ぐ自己メディア表現とコミュニケーション──リレー型デジタルストー
リーテリング』
http://narrative.relay.media-literacy.net/%E4%BD%9C%E5%93%81/2017%E5%BA%83%E5
%B3%B6%E5%9F%8E/

1. 高視聴率をとったテレビ番組／報道を複数挙げ、それがどのようなものだった
   かを調べてみよう。余裕があれば、何が「メディアイベント」に含まれるかにつ
   いて文献などで確認し、本章で触れたもの以外の例を挙げ、その当時の社会にお
   いてそれらがどのような意味をもっていたのかを考えてみよう。

番組／報道：_____

_____

内容：_____

_____

_____

_____

_____

メディアイベントに含まれるものの例：_____

_____

意味：_____

_____

_____

_____

_____

2．映像資料『新・映像の世紀　第6集　あなたのワンカットが世界を変える』
（NHK、2016年）を視聴し、まずグループで自由に感想を言いあってみよう。次に、
この映像のなかに出てきたプラットフォーム・メディアの肯定的な面と否定的な
面を挙げ、メディア再帰社会が何をもたらすのかを自由にディスカッションして
みよう。

感想（メモ）：＿＿＿＿＿＿＿＿＿＿＿＿＿＿＿＿＿＿＿＿＿＿＿＿＿＿＿＿

＿＿＿＿＿＿＿＿＿＿＿＿＿＿＿＿＿＿＿＿＿＿＿＿＿＿＿＿＿＿＿＿＿＿＿＿

＿＿＿＿＿＿＿＿＿＿＿＿＿＿＿＿＿＿＿＿＿＿＿＿＿＿＿＿＿＿＿＿＿＿＿＿

＿＿＿＿＿＿＿＿＿＿＿＿＿＿＿＿＿＿＿＿＿＿＿＿＿＿＿＿＿＿＿＿＿＿＿＿

肯定的な面（メモ）：＿＿＿＿＿＿＿＿＿＿＿＿＿＿＿＿＿＿＿＿＿＿＿＿＿

＿＿＿＿＿＿＿＿＿＿＿＿＿＿＿＿＿＿＿＿＿＿＿＿＿＿＿＿＿＿＿＿＿＿＿＿

＿＿＿＿＿＿＿＿＿＿＿＿＿＿＿＿＿＿＿＿＿＿＿＿＿＿＿＿＿＿＿＿＿＿＿＿

＿＿＿＿＿＿＿＿＿＿＿＿＿＿＿＿＿＿＿＿＿＿＿＿＿＿＿＿＿＿＿＿＿＿＿＿

否定的な面（メモ）：＿＿＿＿＿＿＿＿＿＿＿＿＿＿＿＿＿＿＿＿＿＿＿＿＿

＿＿＿＿＿＿＿＿＿＿＿＿＿＿＿＿＿＿＿＿＿＿＿＿＿＿＿＿＿＿＿＿＿＿＿＿

＿＿＿＿＿＿＿＿＿＿＿＿＿＿＿＿＿＿＿＿＿＿＿＿＿＿＿＿＿＿＿＿＿＿＿＿

＿＿＿＿＿＿＿＿＿＿＿＿＿＿＿＿＿＿＿＿＿＿＿＿＿＿＿＿＿＿＿＿＿＿＿＿

＿＿＿＿＿＿＿＿＿＿＿＿＿＿＿＿＿＿＿＿＿＿＿＿＿＿＿＿＿＿＿＿＿＿＿＿

所属：＿＿＿＿＿＿＿＿＿＿＿＿＿＿＿＿＿＿＿＿＿　＿＿＿＿年

番号：＿＿＿＿＿＿＿＿＿＿　　名前：＿＿＿＿＿＿＿＿＿＿＿＿＿

1．(1)　「Yahoo! ニュース」(https://news.yahoo.co.jp) では、どういう記事にユーザー
　　からのコメントが多いだろうか。コメントランキング（総合）の上位40位くらい
　　までを調べてみよう。記事の注目度や重要度以外に、どのような傾向・特徴があ
　　りそうだろうか。あなたが気づいたことを、できるだけ具体的に書こう。

コメントが多い記事：_____

_____

注目度・重要度以外の傾向・特徴：_____

_____

_____

(2)　コメント数の多い記事のなかから、政治や社会問題に関する記事を一つだけ選
　　んで、そのコメントの内容を調べてみよう。記事の論調に対する賛成（肯定的
　　意見）と反対（批判的意見）の割合や、書き方・表現などに、何か特徴はないだろ
　　うか。

選んだ記事のタイトル：_____

記事の概要：_____

_____

肯定的意見と否定的意見の割合：_____

書き方・表現などの特徴：_____

_____

_____

2．数名ずつのグループに分かれて、各自が【ワーク１】で調べた(1)と(2)の結果を
　グループ内で報告しよう。それが終わったら、(1)と(2)それぞれの結果を整理して
　まとめ、コメントが記事に加わって公開されることが、記事の書き手（報道する側）
　や受け手（報道に接する側）にどのような影響を及ぼしそうか、議論してみよう。

記事の書き手に及ぼす影響についてのメモ：＿＿＿＿＿＿＿＿＿＿＿＿＿＿＿＿＿

＿＿＿＿＿＿＿＿＿＿＿＿＿＿＿＿＿＿＿＿＿＿＿＿＿＿＿＿＿＿＿＿＿＿＿＿＿

記事の受け手に及ぼす影響についてのメモ：＿＿＿＿＿＿＿＿＿＿＿＿＿＿＿＿＿

＿＿＿＿＿＿＿＿＿＿＿＿＿＿＿＿＿＿＿＿＿＿＿＿＿＿＿＿＿＿＿＿＿＿＿＿＿

3．「みんなの声（意見）」をバランスよく知り、一方的に自分の意見が正しいと思い
　込まないようにするには、どうネットとつきあっていけばよいだろう。ネットで
　接する意見の偏りを減らすような仕組みは、何か考えられないだろうか。ネット
　上での意見発信・接触にどのような偏りが生まれやすいかを簡単にまとめたうえ
　で、あなたなりに具体的な対応策を考えて、書いてみよう。

偏り方の特徴：＿＿＿＿＿＿＿＿＿＿＿＿＿＿＿＿＿＿＿＿＿＿＿＿＿＿＿＿＿＿

＿＿＿＿＿＿＿＿＿＿＿＿＿＿＿＿＿＿＿＿＿＿＿＿＿＿＿＿＿＿＿＿＿＿＿＿＿

＿＿＿＿＿＿＿＿＿＿＿＿＿＿＿＿＿＿＿＿＿＿＿＿＿＿＿＿＿＿＿＿＿＿＿＿＿

具体的な対応策：＿＿＿＿＿＿＿＿＿＿＿＿＿＿＿＿＿＿＿＿＿＿＿＿＿＿＿＿＿

＿＿＿＿＿＿＿＿＿＿＿＿＿＿＿＿＿＿＿＿＿＿＿＿＿＿＿＿＿＿＿＿＿＿＿＿＿

＿＿＿＿＿＿＿＿＿＿＿＿＿＿＿＿＿＿＿＿＿＿＿＿＿＿＿＿＿＿＿＿＿＿＿＿＿

＿＿＿＿＿＿＿＿＿＿＿＿＿＿＿＿＿＿＿＿＿＿＿＿＿＿＿＿＿＿＿＿＿＿＿＿＿

所属：＿＿＿＿＿＿＿＿＿＿＿＿＿＿＿＿＿＿＿＿＿　＿＿＿＿年

番号：＿＿＿＿＿＿＿＿＿＿　　名前：＿＿＿＿＿＿＿＿＿＿＿＿＿

1．この1週間で自分がスマートフォンから見たニュースを確認しよう。その
　　ニュースは、どのようなニュース制作者により作られ、どのような経路をたどっ
　　てきただろうか。

①アプリの確認

　　ニュースサイトで見たのか、ソーシャルメディアでフォローしている有名人から
なのか、ニュースに接触したアプリ（ツイッター、Yahoo！ニュースなど）を確認して
みよう。また、上記アプリは、マスメディア、ミドルメディア、ソーシャルメディ
アのどの種類だろうか。

アプリ名：＿＿＿＿＿＿＿＿＿＿＿　　アプリの種類：＿＿＿＿＿＿＿＿＿＿＿

②ニュース制作者の確認

　　アプリに掲載されていたニュースは、どこの、誰が、作っているのだろう。サイ
トの会社案内や運営会社に掲載されている会社名（朝日新聞社、共同通信社など）と本
社の住所を確認してみよう。会社名がないサイトや、掲載されている住所を検索し
ても存在しない場合もある。

会社名：＿＿＿＿＿＿＿＿　　住所：＿＿＿＿＿＿＿＿＿＿＿＿＿＿＿＿＿＿

2．数名ずつのグループに分かれ、この1週間で各自がスマートフォンから見た
　　ニュースを確認しよう。グループのメンバーと自分で、見ているニュースが同じ
　　か違うか確認したうえで、違うとすればなぜそうなのか、ふだんの投稿や閲読の
　　履歴を振り返り、フィルターバブルの観点から考えてみよう。

確認結果：＿＿＿＿＿＿＿＿＿＿＿＿＿＿＿＿＿＿＿＿＿＿＿＿＿＿＿＿＿＿＿

考えたこと：＿＿＿＿＿＿＿＿＿＿＿＿＿＿＿＿＿＿＿＿＿＿＿＿＿＿＿＿＿＿

＿＿＿＿＿＿＿＿＿＿＿＿＿＿＿＿＿＿＿＿＿＿＿＿＿＿＿＿＿＿＿＿＿＿＿＿＿

＿＿＿＿＿＿＿＿＿＿＿＿＿＿＿＿＿＿＿＿＿＿＿＿＿＿＿＿＿＿＿＿＿＿＿＿＿

＿＿＿＿＿＿＿＿＿＿＿＿＿＿＿＿＿＿＿＿＿＿＿＿＿＿＿＿＿＿＿＿＿＿＿＿＿

3. 「90秒ルーチン」をやってみよう。自分が見たニュースを発信しているサイトは
   信頼できるものだろうか。情報源を確認する、情報源を上流にさかのぼる、他の
   ソースを確認する、の三つのステップに取り組もう。

①記事の情報源は何だろうか

　記事はどのような情報源に基づいて作られているだろうか。政府や自治体、企業
などの組織なのか人なのか、情報源を探してみよう。情報源は記事中に、○○によ
ると、などと書かれていることが多い。

_____

②情報源を上流にさかのぼろう

　①で確認した情報源で記事に関係する情報を確認しよう。対象となった組織の
ホームページに詳細なデータが掲載されているかもしれない。人の場合、研究者や
専門家であれば、ソーシャルメディアで発言しているかもしれない。

_____

_____

③他のソースを確認しよう

　同じ内容のニュースについて、他のニュースサイトではどのように書かれている
だろうか。ウィキペディアの関連する項目ではどのように書かれているだろうか。

他のニュースサイト：_____

_____

ウィキペディア：_____

_____

所属：_____ _____年

番号：_____　名前：_____

1．セルフィ（自撮り）は自己表現なのか、自己満足でしかないのだろうか。自撮り写真のポジティブ／ネガティブな側面について、それぞれ自分の考えを書き出してみよう。

ポジティブな側面：＿＿＿＿＿＿＿＿＿＿＿＿＿＿＿＿＿＿＿＿＿＿＿＿＿＿＿

＿＿＿＿＿＿＿＿＿＿＿＿＿＿＿＿＿＿＿＿＿＿＿＿＿＿＿＿＿＿＿＿＿＿＿＿＿

ネガティブな側面：＿＿＿＿＿＿＿＿＿＿＿＿＿＿＿＿＿＿＿＿＿＿＿＿＿＿＿

＿＿＿＿＿＿＿＿＿＿＿＿＿＿＿＿＿＿＿＿＿＿＿＿＿＿＿＿＿＿＿＿＿＿＿＿＿

2．自分のSNSアカウントないし特定のウェブサイトから写真を選び出し、マノヴィッチが指摘する三つのカテゴリーに即して分類してみよう。その根拠として、被写体の種類（事物、自然、デザインされた環境）をはじめ、構図やアングル、フィルターや加工の効果などを挙げつつ、それがどのようにして撮影されたのかを、グループ内で互いに再現してみよう。

自分が選んだ写真の内容と分類のメモ：＿＿＿＿＿＿＿＿＿＿＿＿＿＿＿＿＿

＿＿＿＿＿＿＿＿＿＿＿＿＿＿＿＿＿＿＿＿＿＿＿＿＿＿＿＿＿＿＿＿＿＿＿＿＿

＿＿＿＿＿＿＿＿＿＿＿＿＿＿＿＿＿＿＿＿＿＿＿＿＿＿＿＿＿＿＿＿＿＿＿＿＿

被写体の種類とさまざまな効果についてのメモ：＿＿＿＿＿＿＿＿＿＿＿＿＿

＿＿＿＿＿＿＿＿＿＿＿＿＿＿＿＿＿＿＿＿＿＿＿＿＿＿＿＿＿＿＿＿＿＿＿＿＿

＿＿＿＿＿＿＿＿＿＿＿＿＿＿＿＿＿＿＿＿＿＿＿＿＿＿＿＿＿＿＿＿＿＿＿＿＿

＿＿＿＿＿＿＿＿＿＿＿＿＿＿＿＿＿＿＿＿＿＿＿＿＿＿＿＿＿＿＿＿＿＿＿＿＿

3. ここまでの議論をもとに、知覚、行為、行動のそれぞれに分けて、自分たちが写真に誘導されるような事例を書き出してみよう。また、そうした写真が、オンラインとオフラインをどのように接続しているかを説明してみよう。

知覚の事例：_____

_____

_____

行為の事例：_____

_____

_____

行動の事例：_____

_____

_____

オンラインとオフラインの接続：_____

_____

_____

_____

_____

所属：_____　_____年

番号：_____　名前：_____

1．本文で挙げたもののほかに美容整形をめぐる疑問点を2つ挙げ、疑問文のかた
　ちで書き出してみよう。また、書き出した問いについて、それぞれ何をどのよう
　に調べれば疑問に答えられるか考えてみよう。

疑問1：＿＿＿＿＿＿＿＿＿＿＿＿＿＿＿＿＿＿＿＿＿＿＿＿＿＿＿＿＿

何をどう調べるか：＿＿＿＿＿＿＿＿＿＿＿＿＿＿＿＿＿＿＿＿＿＿＿＿

＿＿＿＿＿＿＿＿＿＿＿＿＿＿＿＿＿＿＿＿＿＿＿＿＿＿＿＿＿＿＿＿＿

疑問2：＿＿＿＿＿＿＿＿＿＿＿＿＿＿＿＿＿＿＿＿＿＿＿＿＿＿＿＿＿

何をどう調べるか：＿＿＿＿＿＿＿＿＿＿＿＿＿＿＿＿＿＿＿＿＿＿＿＿

＿＿＿＿＿＿＿＿＿＿＿＿＿＿＿＿＿＿＿＿＿＿＿＿＿＿＿＿＿＿＿＿＿

2．本文で紹介した2018年の筆者の調査では、美容整形情報でもっとも参照されて
　いたのがインスタグラムであった。インスタグラムでは他にも美容やファッショ
　ンに関する情報がたくさん載せられている。ファッションに関する疑問を挙げ、
　インスタグラムの特徴を使っていかにして分析できるかを考えてみよう。

ファッションに関する疑問：＿＿＿＿＿＿＿＿＿＿＿＿＿＿＿＿＿＿＿＿

＿＿＿＿＿＿＿＿＿＿＿＿＿＿＿＿＿＿＿＿＿＿＿＿＿＿＿＿＿＿＿＿＿

どう分析できるか：＿＿＿＿＿＿＿＿＿＿＿＿＿＿＿＿＿＿＿＿＿＿＿＿

＿＿＿＿＿＿＿＿＿＿＿＿＿＿＿＿＿＿＿＿＿＿＿＿＿＿＿＿＿＿＿＿＿

＿＿＿＿＿＿＿＿＿＿＿＿＿＿＿＿＿＿＿＿＿＿＿＿＿＿＿＿＿＿＿＿＿

＿＿＿＿＿＿＿＿＿＿＿＿＿＿＿＿＿＿＿＿＿＿＿＿＿＿＿＿＿＿＿＿＿

3．現代の日本では、美容整形に関して賛否両論がある。あえて賛成と反対の立場
　に分かれて、ディスカッションしてみよう。その際には自分が賛成／反対する客
　観的な根拠を必ず明示するようにしよう。

選んだ立場：＿＿＿＿＿＿＿＿＿＿＿＿＿＿＿＿＿＿＿＿＿＿＿＿＿＿＿＿＿＿＿

その立場を推す根拠（メモ）：

・＿＿＿＿＿＿＿＿＿＿＿＿＿＿＿＿＿＿＿＿＿＿＿＿＿＿＿＿＿＿＿＿＿＿＿

＿＿＿＿＿＿＿＿＿＿＿＿＿＿＿＿＿＿＿＿＿＿＿＿＿＿＿＿＿＿＿＿＿＿＿＿

・＿＿＿＿＿＿＿＿＿＿＿＿＿＿＿＿＿＿＿＿＿＿＿＿＿＿＿＿＿＿＿＿＿＿＿

＿＿＿＿＿＿＿＿＿＿＿＿＿＿＿＿＿＿＿＿＿＿＿＿＿＿＿＿＿＿＿＿＿＿＿＿

・＿＿＿＿＿＿＿＿＿＿＿＿＿＿＿＿＿＿＿＿＿＿＿＿＿＿＿＿＿＿＿＿＿＿＿

＿＿＿＿＿＿＿＿＿＿＿＿＿＿＿＿＿＿＿＿＿＿＿＿＿＿＿＿＿＿＿＿＿＿＿＿

・＿＿＿＿＿＿＿＿＿＿＿＿＿＿＿＿＿＿＿＿＿＿＿＿＿＿＿＿＿＿＿＿＿＿＿

＿＿＿＿＿＿＿＿＿＿＿＿＿＿＿＿＿＿＿＿＿＿＿＿＿＿＿＿＿＿＿＿＿＿＿＿

・＿＿＿＿＿＿＿＿＿＿＿＿＿＿＿＿＿＿＿＿＿＿＿＿＿＿＿＿＿＿＿＿＿＿＿

＿＿＿＿＿＿＿＿＿＿＿＿＿＿＿＿＿＿＿＿＿＿＿＿＿＿＿＿＿＿＿＿＿＿＿＿

所属：＿＿＿＿＿＿＿＿＿＿＿＿＿＿＿＿＿＿＿＿＿＿＿＿　＿＿＿＿年

番号：＿＿＿＿＿＿＿＿＿＿＿　　名前：＿＿＿＿＿＿＿＿＿＿＿＿＿＿＿

1. 最近印象に残った広告を写真やスクリーンショットで保存し、内容をワーク
  シートに箇条書きしよう。

  ・ _____

  ・ _____

  ・ _____

  ・ _____

2. 数名ずつのグループに分かれて、【ワーク1】で集めた広告の記録を持ち寄り、
  それぞれの内容を通して気づいたことをまとめてみよう。その後、全体でグルー
  プごとに発見したポイントを報告しよう。

  ・ _____
  _____

  ・ _____
  _____

  ・ _____
  _____

  ・ _____
  _____

3．各自で（あるいはグループで）家庭用品を宣伝するポスターを実際に制作してみ
　　よう。制作したポスターを互いに発表しあう機会を設け、それぞれ気づいたこと
　　を話しあってみよう。

宣伝する家庭用品：＿＿＿＿＿＿＿＿＿＿＿＿＿＿＿＿＿＿＿＿＿＿＿＿＿＿＿＿＿

ポスターのタイトル：＿＿＿＿＿＿＿＿＿＿＿＿＿＿＿＿＿＿＿＿＿＿＿＿＿＿＿＿

ポスターのイメージ（メモ）：

・＿＿＿＿＿＿＿＿＿＿＿＿＿＿＿＿＿＿＿＿＿＿＿＿＿＿＿＿＿＿＿＿＿＿＿

　＿＿＿＿＿＿＿＿＿＿＿＿＿＿＿＿＿＿＿＿＿＿＿＿＿＿＿＿＿＿＿＿＿＿＿

・＿＿＿＿＿＿＿＿＿＿＿＿＿＿＿＿＿＿＿＿＿＿＿＿＿＿＿＿＿＿＿＿＿＿＿

　＿＿＿＿＿＿＿＿＿＿＿＿＿＿＿＿＿＿＿＿＿＿＿＿＿＿＿＿＿＿＿＿＿＿＿

・＿＿＿＿＿＿＿＿＿＿＿＿＿＿＿＿＿＿＿＿＿＿＿＿＿＿＿＿＿＿＿＿＿＿＿

　＿＿＿＿＿＿＿＿＿＿＿＿＿＿＿＿＿＿＿＿＿＿＿＿＿＿＿＿＿＿＿＿＿＿＿

レイアウトのイメージ（ラフ）：

所属：＿＿＿＿＿＿＿＿＿＿＿＿＿＿＿＿＿＿＿＿＿＿＿＿＿　＿＿＿＿＿年

番号：＿＿＿＿＿＿＿＿＿＿＿　　　名前：＿＿＿＿＿＿＿＿＿＿＿＿＿＿＿＿

1．テレビ番組やドラマ、映画を観て、最近なにに「感動」しただろうか。どのようなところで「泣けた」か、その理由とともに、書き出してみよう。

_____

_____

_____

_____

_____

2．(1)　そもそも「障害者」とはどんな人のことだろうか。あるいは、あなたはある人を、なにをもって「障害者」だと判断するだろうか。

_____

_____

_____

_____

_____

(2)　障害者が乗り越えるべき「壁」とはどのようなものだろうか。以下の分類に沿って調べ、考えてみよう。

①社会における事物（通行、利用しにくい施設、設備など）

_____

_____

②制度（利用しにくい制度など）

_____

_____

③慣行（障害者の存在を意識していない慣習、文化など）

_____

_____

④観念（障害者への偏見など）

_____

_____

3. あなたが、「障害」を中心的なテーマにすえたテレビ番組や番組内コーナーを企画するとしたら、どのような企画や演出が可能だろうか。グループで企画書をまとめ、プレゼンしてみよう。また、それをうまくやりとげるには、どのような情報や知識を得ておく必要があるだろうか。

必要な情報・知識のメモ：_____

_____

_____

_____

所属：_____　_____年

番号：_____　名前：_____

1．あなたの印象に残っている犯罪の報道を思い出し、被疑者・被害者の個人情報
　やプライバシーに関する情報について覚えていることがあるか書き出してみよう。

印象的な報道：＿＿＿＿＿＿＿＿＿＿＿＿＿＿＿＿＿＿＿＿＿＿＿＿＿＿＿＿＿＿

個人情報やプライバシー：＿＿＿＿＿＿＿＿＿＿＿＿＿＿＿＿＿＿＿＿＿＿＿＿＿

＿＿＿＿＿＿＿＿＿＿＿＿＿＿＿＿＿＿＿＿＿＿＿＿＿＿＿＿＿＿＿＿＿＿＿＿＿

2．報道される被疑者・被害者の扱いに、性別による違いがあるだろうか。実際に
　事件を一つ選び、性別で違いがあるか、あるとすればそれはどのようなことか、
　またそれはなぜか、調べてみよう。

①分析する事件

事件名：＿＿＿＿＿＿＿＿＿＿　　発生年：＿＿＿＿＿　　報道時期：＿＿＿＿＿

②被疑者・被害者の性別（男性・女性・その他・不明）と強調されていること

被疑者の性別：＿＿＿＿＿＿＿＿＿　　強調点：＿＿＿＿＿＿＿＿＿＿＿＿＿＿

＿＿＿＿＿＿＿＿＿＿＿＿＿＿＿＿＿＿＿＿＿＿＿＿＿＿＿＿＿＿＿＿＿＿＿＿＿

被害者の性別：＿＿＿＿＿＿＿＿＿　　強調点：＿＿＿＿＿＿＿＿＿＿＿＿＿＿

＿＿＿＿＿＿＿＿＿＿＿＿＿＿＿＿＿＿＿＿＿＿＿＿＿＿＿＿＿＿＿＿＿＿＿＿＿

（性別による違い）　　ある　　　ない

（ある場合）違いの内容：＿＿＿＿＿＿＿＿＿＿＿＿＿＿＿＿＿＿＿＿＿＿＿＿

理由：＿＿＿＿＿＿＿＿＿＿＿＿＿＿＿＿＿＿＿＿＿＿＿＿＿＿＿＿＿＿＿＿＿

＿＿＿＿＿＿＿＿＿＿＿＿＿＿＿＿＿＿＿＿＿＿＿＿＿＿＿＿＿＿＿＿＿＿＿＿＿

3．数名ずつのグループに分かれて、【ワーク2】の結果を共有しよう。そのうえで、
　メディアによっても違いがみられるか、手分けして調べ、報告しあおう。

新聞：＿＿＿＿＿＿＿＿＿＿＿＿＿＿＿＿＿＿＿＿＿＿＿＿＿＿＿＿＿＿＿＿＿＿＿

＿＿＿＿＿＿＿＿＿＿＿＿＿＿＿＿＿＿＿＿＿＿＿＿＿＿＿＿＿＿＿＿＿＿＿＿＿＿＿

＿＿＿＿＿＿＿＿＿＿＿＿＿＿＿＿＿＿＿＿＿＿＿＿＿＿＿＿＿＿＿＿＿＿＿＿＿＿＿

テレビニュース：＿＿＿＿＿＿＿＿＿＿＿＿＿＿＿＿＿＿＿＿＿＿＿＿＿＿＿＿＿＿

＿＿＿＿＿＿＿＿＿＿＿＿＿＿＿＿＿＿＿＿＿＿＿＿＿＿＿＿＿＿＿＿＿＿＿＿＿＿＿

＿＿＿＿＿＿＿＿＿＿＿＿＿＿＿＿＿＿＿＿＿＿＿＿＿＿＿＿＿＿＿＿＿＿＿＿＿＿＿

週刊誌：＿＿＿＿＿＿＿＿＿＿＿＿＿＿＿＿＿＿＿＿＿＿＿＿＿＿＿＿＿＿＿＿＿＿＿

＿＿＿＿＿＿＿＿＿＿＿＿＿＿＿＿＿＿＿＿＿＿＿＿＿＿＿＿＿＿＿＿＿＿＿＿＿＿＿

＿＿＿＿＿＿＿＿＿＿＿＿＿＿＿＿＿＿＿＿＿＿＿＿＿＿＿＿＿＿＿＿＿＿＿＿＿＿＿

ネットのニュースサイト：＿＿＿＿＿＿＿＿＿＿＿＿＿＿＿＿＿＿＿＿＿＿＿＿＿＿

＿＿＿＿＿＿＿＿＿＿＿＿＿＿＿＿＿＿＿＿＿＿＿＿＿＿＿＿＿＿＿＿＿＿＿＿＿＿＿

＿＿＿＿＿＿＿＿＿＿＿＿＿＿＿＿＿＿＿＿＿＿＿＿＿＿＿＿＿＿＿＿＿＿＿＿＿＿＿

SNS などその他のサイト：＿＿＿＿＿＿＿＿＿＿＿＿＿＿＿＿＿＿＿＿＿＿＿＿＿

＿＿＿＿＿＿＿＿＿＿＿＿＿＿＿＿＿＿＿＿＿＿＿＿＿＿＿＿＿＿＿＿＿＿＿＿＿＿＿

＿＿＿＿＿＿＿＿＿＿＿＿＿＿＿＿＿＿＿＿＿＿＿＿＿＿＿＿＿＿＿＿＿＿＿＿＿＿＿

所属：＿＿＿＿＿＿＿＿＿＿＿＿＿＿＿＿＿＿＿＿＿＿＿　＿＿＿＿＿年

番号：＿＿＿＿＿＿＿＿＿＿＿　　名前：＿＿＿＿＿＿＿＿＿＿＿＿＿＿＿

1．健康や食に関して不安を覚えるような話題・事件・事故に、どのようなものがあるか考えてみよう。それらは、あなたの生活とどのように関係しているだろうか。それらの情報を集めるためにあなたはどのメディアを利用するか、それはなぜか考えてみよう。

話題・事件・事故：＿＿＿＿＿＿＿＿＿＿＿＿＿＿＿＿＿＿＿＿＿

＿＿＿＿＿＿＿＿＿＿＿＿＿＿＿　＿＿＿＿＿＿＿＿＿＿＿＿＿＿＿

生活との関係：＿＿＿＿＿＿＿＿＿＿＿＿＿＿＿＿＿＿＿＿＿＿＿＿＿

＿＿＿＿＿＿＿＿＿＿＿＿＿＿＿＿＿＿＿＿＿＿＿＿＿＿＿＿＿＿＿＿

利用するメディア：＿＿＿＿＿＿＿＿＿＿＿＿＿＿＿＿＿＿＿＿＿＿＿

利用する理由：＿＿＿＿＿＿＿＿＿＿＿＿＿＿＿＿＿＿＿＿＿＿＿＿＿

＿＿＿＿＿＿＿＿＿＿＿＿＿＿＿＿＿＿＿＿＿＿＿＿＿＿＿＿＿＿＿＿

2．私たちの健康や食をおびやかすリスクについての報道・発信を探してみよう。それをグループでもちより、それぞれに、不明な点、あいまいな点、疑問点、矛盾点、さらに調べてみたい点がないか、みんなで考えてみよう。

報道・発信についてのメモ：＿＿＿＿＿＿＿＿＿＿＿＿＿＿＿＿＿＿＿

＿＿＿＿＿＿＿＿＿＿＿＿＿＿＿＿＿＿＿＿＿＿＿＿＿＿＿＿＿＿＿＿

＿＿＿＿＿＿＿＿＿＿＿＿＿＿＿＿＿＿＿＿＿＿＿＿＿＿＿＿＿＿＿＿

議題に挙がった点についてのメモ：＿＿＿＿＿＿＿＿＿＿＿＿＿＿＿＿

＿＿＿＿＿＿＿＿＿＿＿＿＿＿＿＿＿＿＿＿＿＿＿＿＿＿＿＿＿＿＿＿

＿＿＿＿＿＿＿＿＿＿＿＿＿＿＿＿＿＿＿＿＿＿＿＿＿＿＿＿＿＿＿＿

3.【ワーク1】で挙げた「健康や食の不安を覚えるような話題・事件・事故」のなかから一つ選び、そのことに関する報道や情報を、複数のメディアから集めてみよう。できれば、違う立場からの説明を集めてみよう。最終的にあなたはどう判断するか考えてみよう。

選んだ話題・事件・事故：＿＿＿＿＿＿＿＿＿＿＿＿＿＿＿＿＿＿＿＿＿＿

立場1：（メディア）＿＿＿＿＿＿＿＿＿によると、＿＿＿＿＿＿＿＿＿＿

＿＿＿＿＿＿＿＿＿＿＿＿＿＿＿＿＿＿＿＿＿＿＿＿＿＿＿＿＿＿＿＿＿＿

＿＿＿＿＿＿＿＿＿＿＿＿＿＿＿＿＿＿＿＿＿＿＿＿＿＿＿＿＿＿＿＿＿＿

立場2：（メディア）＿＿＿＿＿＿＿＿＿によると、＿＿＿＿＿＿＿＿＿＿

＿＿＿＿＿＿＿＿＿＿＿＿＿＿＿＿＿＿＿＿＿＿＿＿＿＿＿＿＿＿＿＿＿＿

＿＿＿＿＿＿＿＿＿＿＿＿＿＿＿＿＿＿＿＿＿＿＿＿＿＿＿＿＿＿＿＿＿＿

立場3：（メディア）＿＿＿＿＿＿＿＿＿によると、＿＿＿＿＿＿＿＿＿＿

＿＿＿＿＿＿＿＿＿＿＿＿＿＿＿＿＿＿＿＿＿＿＿＿＿＿＿＿＿＿＿＿＿＿

＿＿＿＿＿＿＿＿＿＿＿＿＿＿＿＿＿＿＿＿＿＿＿＿＿＿＿＿＿＿＿＿＿＿

最終的な判断：＿＿＿＿＿＿＿＿＿＿＿＿＿＿＿＿＿＿＿＿＿＿＿＿＿＿＿

＿＿＿＿＿＿＿＿＿＿＿＿＿＿＿＿＿＿＿＿＿＿＿＿＿＿＿＿＿＿＿＿＿＿

＿＿＿＿＿＿＿＿＿＿＿＿＿＿＿＿＿＿＿＿＿＿＿＿＿＿＿＿＿＿＿＿＿＿

＿＿＿＿＿＿＿＿＿＿＿＿＿＿＿＿＿＿＿＿＿＿＿＿＿＿＿＿＿＿＿＿＿＿

所属：＿＿＿＿＿＿＿＿＿＿＿＿＿＿＿＿＿＿＿＿＿＿＿＿＿＿＿年

番号：＿＿＿＿＿＿＿＿＿＿　　名前：＿＿＿＿＿＿＿＿＿＿＿＿＿＿＿

1. 外国人選手や移民二世の選手、あるいは「ハーフ」の選手がどのようにメディ
   アで語られているかを調べ、違和感を抱いた部分があればそれを抜き出し、その
   理由を書いてみよう。

外国人選手の語られ方の例：＿＿＿＿＿＿＿＿＿＿＿＿＿＿＿＿＿＿＿＿＿

違和感とその理由：＿＿＿＿＿＿＿＿＿＿＿＿＿＿＿＿＿＿＿＿＿＿＿＿＿

＿＿＿＿＿＿＿＿＿＿＿＿＿＿＿＿＿＿＿＿＿＿＿＿＿＿＿＿＿＿＿＿＿＿

＿＿＿＿＿＿＿＿＿＿＿＿＿＿＿＿＿＿＿＿＿＿＿＿＿＿＿＿＿＿＿＿＿＿

＿＿＿＿＿＿＿＿＿＿＿＿＿＿＿＿＿＿＿＿＿＿＿＿＿＿＿＿＿＿＿＿＿＿

移民二世選手の語られ方の例：＿＿＿＿＿＿＿＿＿＿＿＿＿＿＿＿＿＿＿

違和感とその理由：＿＿＿＿＿＿＿＿＿＿＿＿＿＿＿＿＿＿＿＿＿＿＿＿＿

＿＿＿＿＿＿＿＿＿＿＿＿＿＿＿＿＿＿＿＿＿＿＿＿＿＿＿＿＿＿＿＿＿＿

＿＿＿＿＿＿＿＿＿＿＿＿＿＿＿＿＿＿＿＿＿＿＿＿＿＿＿＿＿＿＿＿＿＿

＿＿＿＿＿＿＿＿＿＿＿＿＿＿＿＿＿＿＿＿＿＿＿＿＿＿＿＿＿＿＿＿＿＿

「ハーフ」選手の語られ方の例：＿＿＿＿＿＿＿＿＿＿＿＿＿＿＿＿＿＿＿

違和感とその理由：＿＿＿＿＿＿＿＿＿＿＿＿＿＿＿＿＿＿＿＿＿＿＿＿＿

＿＿＿＿＿＿＿＿＿＿＿＿＿＿＿＿＿＿＿＿＿＿＿＿＿＿＿＿＿＿＿＿＿＿

＿＿＿＿＿＿＿＿＿＿＿＿＿＿＿＿＿＿＿＿＿＿＿＿＿＿＿＿＿＿＿＿＿＿

＿＿＿＿＿＿＿＿＿＿＿＿＿＿＿＿＿＿＿＿＿＿＿＿＿＿＿＿＿＿＿＿＿＿

2．【ワーク１】で選んだ事例（言説）は、どのような背景から生みだされたのかを
各自考えたうえで紹介しあい、表象の特徴が共通するものをグループ化し、簡潔
なタイトルをつけてみよう。

背景についてのメモ：＿＿＿＿＿＿＿＿＿＿＿＿＿＿＿＿＿＿＿＿＿＿＿＿＿＿＿

＿＿＿＿＿＿＿＿＿＿＿＿＿＿＿＿＿＿＿＿＿＿＿＿＿＿＿＿＿＿＿＿＿＿＿＿＿＿＿

＿＿＿＿＿＿＿＿＿＿＿＿＿＿＿＿＿＿＿＿＿＿＿＿＿＿＿＿＿＿＿＿＿＿＿＿＿＿＿

グループのタイトル例：　　　　　　　＿＿＿＿＿＿＿＿＿＿＿＿＿＿＿＿＿＿＿

＿＿＿＿＿＿＿＿＿＿＿＿＿＿＿＿＿　＿＿＿＿＿＿＿＿＿＿＿＿＿＿＿＿＿＿＿

＿＿＿＿＿＿＿＿＿＿＿＿＿＿＿＿＿　＿＿＿＿＿＿＿＿＿＿＿＿＿＿＿＿＿＿＿

3．【ワーク１】で取り上げた事例は、誰についてのどんな表象が、誰の手によって
生みだされ、どのように流通し（あるいは利用され）、それが誰に対してどのような
影響を及ぼしているのかについてまとめてみよう。

＿＿＿＿＿＿＿＿＿＿＿＿＿＿＿＿＿＿＿＿＿＿＿＿＿＿＿＿＿＿＿＿＿＿＿＿＿＿＿

＿＿＿＿＿＿＿＿＿＿＿＿＿＿＿＿＿＿＿＿＿＿＿＿＿＿＿＿＿＿＿＿＿＿＿＿＿＿＿

＿＿＿＿＿＿＿＿＿＿＿＿＿＿＿＿＿＿＿＿＿＿＿＿＿＿＿＿＿＿＿＿＿＿＿＿＿＿＿

＿＿＿＿＿＿＿＿＿＿＿＿＿＿＿＿＿＿＿＿＿＿＿＿＿＿＿＿＿＿＿＿＿＿＿＿＿＿＿

＿＿＿＿＿＿＿＿＿＿＿＿＿＿＿＿＿＿＿＿＿＿＿＿＿＿＿＿＿＿＿＿＿＿＿＿＿＿＿

＿＿＿＿＿＿＿＿＿＿＿＿＿＿＿＿＿＿＿＿＿＿＿＿＿＿＿＿＿＿＿＿＿＿＿＿＿＿＿

＿＿＿＿＿＿＿＿＿＿＿＿＿＿＿＿＿＿＿＿＿＿＿＿＿＿＿＿＿＿＿＿＿＿＿＿＿＿＿

所属：＿＿＿＿＿＿＿＿＿＿＿＿＿＿＿＿＿＿＿＿＿＿＿　＿＿＿＿年

番号：＿＿＿＿＿＿＿＿＿＿＿　名前：＿＿＿＿＿＿＿＿＿＿＿＿＿＿＿＿

1. メディアで見つけたクールジャパン的な言説を三つ挙げ、商品化、文化的表象
   などの側面から分析してみよう。

言説例 1：_____

分析：_____

_____

_____

_____

言説例 2：_____

分析：_____

_____

_____

_____

言説例 3：_____

分析：_____

_____

_____

_____

2．本文中で取り上げた KENZO やネットフリックスのアニメのように、グローバルな文化的生産の複雑さを示す実例を挙げてみよう。

- _____

_____

- _____

_____

- _____

_____

3．本章で指摘したクールジャパンの問題点を踏まえ、クールジャパンに代わるどのようなオルタナティブな表現があるか、数名ずつのグループに分かれてディスカッションしてみよう。

メモ：_____

_____

_____

_____

_____

_____

_____

所属：_____ _____年

番号：_____ 名前：_____

1．あなたがもつ K-POP のイメージ、またそのようにイメージした理由について書いてみよう。

イメージ：＿＿＿＿＿＿＿＿＿＿＿＿＿＿＿＿＿＿＿＿＿＿＿＿＿＿＿＿＿

＿＿＿＿＿＿＿＿＿＿＿＿＿＿＿＿＿＿＿＿＿＿＿＿＿＿＿＿＿＿＿＿＿＿＿

＿＿＿＿＿＿＿＿＿＿＿＿＿＿＿＿＿＿＿＿＿＿＿＿＿＿＿＿＿＿＿＿＿＿＿

理由：＿＿＿＿＿＿＿＿＿＿＿＿＿＿＿＿＿＿＿＿＿＿＿＿＿＿＿＿＿＿＿

＿＿＿＿＿＿＿＿＿＿＿＿＿＿＿＿＿＿＿＿＿＿＿＿＿＿＿＿＿＿＿＿＿＿＿

＿＿＿＿＿＿＿＿＿＿＿＿＿＿＿＿＿＿＿＿＿＿＿＿＿＿＿＿＿＿＿＿＿＿＿

2．自分のもっている K-POP イメージがどのようにして構築されたものなのか分析してみよう。現在自分がもっているイメージができあがるきっかけはどのようなものだっただろうか。そして反対に、自分のイメージになかった要素はなんだろうか。本文を読んで気づいたことを書こう。

きっかけ：＿＿＿＿＿＿＿＿＿＿＿＿＿＿＿＿＿＿＿＿＿＿＿＿＿＿＿＿＿

＿＿＿＿＿＿＿＿＿＿＿＿＿＿＿＿＿＿＿＿＿＿＿＿＿＿＿＿＿＿＿＿＿＿＿

なかった要素：＿＿＿＿＿＿＿＿＿＿＿＿＿＿＿＿＿＿＿＿＿＿＿＿＿＿＿

＿＿＿＿＿＿＿＿＿＿＿＿＿＿＿＿＿＿＿＿＿＿＿＿＿＿＿＿＿＿＿＿＿＿＿

＿＿＿＿＿＿＿＿＿＿＿＿＿＿＿＿＿＿＿＿＿＿＿＿＿＿＿＿＿＿＿＿＿＿＿

＿＿＿＿＿＿＿＿＿＿＿＿＿＿＿＿＿＿＿＿＿＿＿＿＿＿＿＿＿＿＿＿＿＿＿

＿＿＿＿＿＿＿＿＿＿＿＿＿＿＿＿＿＿＿＿＿＿＿＿＿＿＿＿＿＿＿＿＿＿＿

3．K-POP で行われているような、ポピュラー文化コンテンツと政治的文脈を結び
　つけるバッシングについてどう考えるか。文化と政治は別ものとして扱われるべ
　きだろうか。またそれは可能だろうか。自分の経験なども踏まえて、グループ
　ディスカッションしてみよう。

文化と政治は別ものとして扱われるべきかについてのメモ：

_____

_____

_____

_____

_____

別ものとして扱われることが可能かどうかについてのメモ：

_____

_____

_____

_____

_____

_____

所属：_____　　_____年

番号：_____　　名前：_____

1．あなたの地図利用はどのようなものだろうか。具体的な利用例を挙げながら振り返ってみよう。そのうえで、どのような使い方が望ましいかを考えてみよう。

利用例：＿＿＿＿＿＿＿＿＿＿＿＿＿＿＿＿＿＿＿＿＿＿＿＿＿＿＿

＿＿＿＿＿＿＿＿＿＿＿＿＿＿＿＿＿＿＿＿＿＿＿＿＿＿＿＿＿＿＿

＿＿＿＿＿＿＿＿＿＿＿＿＿＿＿＿＿＿＿＿＿＿＿＿＿＿＿＿＿＿＿

望ましい使い方：＿＿＿＿＿＿＿＿＿＿＿＿＿＿＿＿＿＿＿＿＿＿＿

＿＿＿＿＿＿＿＿＿＿＿＿＿＿＿＿＿＿＿＿＿＿＿＿＿＿＿＿＿＿＿

＿＿＿＿＿＿＿＿＿＿＿＿＿＿＿＿＿＿＿＿＿＿＿＿＿＿＿＿＿＿＿

2．身近な地域を対象にグーグルマップなどの地図アプリを観察し、そこには何が描かれていないかを話しあおう。必要に応じて、地域に関する文献や資料を活用するとよい。

対象とする地域：＿＿＿＿＿＿＿＿＿＿＿＿＿＿＿＿＿＿＿＿＿＿＿

描かれていないもの：＿＿＿＿＿＿＿＿＿＿＿＿＿＿＿＿＿＿＿＿＿

＿＿＿＿＿＿＿＿＿＿＿＿＿＿＿＿＿＿＿＿＿＿＿＿＿＿＿＿＿＿＿

＿＿＿＿＿＿＿＿＿＿＿＿＿＿＿＿＿＿＿＿＿＿＿＿＿＿＿＿＿＿＿

＿＿＿＿＿＿＿＿＿＿＿＿＿＿＿＿＿＿＿＿＿＿＿＿＿＿＿＿＿＿＿

＿＿＿＿＿＿＿＿＿＿＿＿＿＿＿＿＿＿＿＿＿＿＿＿＿＿＿＿＿＿＿

3．【ワーク2】で対象にした地域を実際に訪れ、グーグルマップに描かれていない
　ものについて見聞きし、さらに詳細に調べよう。その成果をもとに、オリジナル
　の手描きマップを制作してみよう。

現地で調べたことについてのメモ：

- _____
- _____
- _____
- _____

制作するマップのアイデアについてのメモ：

- _____
- _____
- _____
- _____

手描きマップ（ラフ）：

所属：＿＿＿＿＿＿＿＿＿＿＿＿＿＿＿＿＿＿＿＿　＿＿＿＿年

番号：＿＿＿＿＿＿＿＿＿＿　名前：＿＿＿＿＿＿＿＿＿＿＿＿

1．あなたの人生におけるメディアと関係する経験を振り返り、特に自分にとって
　印象深いと思う（転機となったり、影響を受けたりした）メディア経験を書き出して
　みよう。なお、ここでいうメディアはテレビや新聞のようなマスメディア、マン
　ガ、ゲームのような娯楽メディア、ライブやスポーツ観戦のような生のパフォー
　マンス、ケータイやスマホといったモバイル機器まで幅広くとらえてかまわない。

- _____
- _____
- _____

2．自分自身のライフストーリーのなかのメディア経験が、どのような社会的・歴
　史的背景と関連しているのか考えてみよう。できれば図書館などに行き、文献を
　探して自分の経験と関連する出来事がないか調べよう（時間がない場合はインター
　ネットの情報検索でもかまわない）。また、メディア経験における転機が、今の「何
　者としての自分自身」にかかわっているか考えてみよう。

社会的・歴史的背景：_____

_____

_____

_____

「何者としての自分自身」にかかわっているか：_____

_____

_____

_____

3．数名ずつのグループに分かれて、あなた自身が書いたワークシートを他の人と突きあわせて比較してみよう。そのうえで、共通する点や異なる点を明らかにして、そこにはどのような社会的・歴史的背景があるのか考えてみよう。さらに、あなた方の世代について「メディアで言われていること」と一致している点や違っている点がないか考えてみよう。

共通点についてのメモ：_____

_____

相違点についてのメモ：_____

_____

背景についてのメモ：_____

_____

世代について「メディアで言われていること」：_____

_____

「メディアで言われていること」との一致点：_____

_____

「メディアで言われていること」との相違点：_____

_____

所属：_____　_____年

番号：_____　名前：_____

1．これまで行ったことのある観光地を思い出してみよう。そこで見聞きしたもの
　や言葉、エピソードから自分がもっとも関心をもったことを書き出し、自分がそ
　の地域ならではの魅力だと考えることをまとめよう。また、それがメディアを介
　して伝えられているのだとしたら、どんなメディアなのかについても考えよう。

観光地：＿＿＿＿＿＿＿＿＿＿＿＿＿＿＿＿＿＿＿

関心をもったこと：＿＿＿＿＿＿＿＿＿＿＿＿＿＿＿＿＿＿＿＿＿＿＿＿＿＿

魅力：＿＿＿＿＿＿＿＿＿＿＿＿＿＿＿＿＿＿＿＿＿＿＿＿＿＿＿＿＿＿＿＿

＿＿＿＿＿＿＿＿＿＿＿＿＿＿＿＿＿＿＿＿＿＿＿＿＿＿＿＿＿＿＿＿＿＿＿＿

＿＿＿＿＿＿＿＿＿＿＿＿＿＿＿＿＿＿＿＿＿＿＿＿＿＿＿＿＿＿＿＿＿＿＿＿

メディアの種類：＿＿＿＿＿＿＿＿＿＿＿＿＿＿＿＿＿＿＿＿＿＿＿＿＿＿＿

2．数名ずつのグループに分かれて、【ワーク1】の内容をグループ内で発表しあお
　う。それぞれ質問やおもしろいと思った点などコメントをしよう。そのうえで、
　自分たちならどのように地域の魅力を伝えていくのがよいと考えるかを話しあお
　う。

質問・コメント（メモ）：＿＿＿＿＿＿＿＿＿＿＿＿＿＿＿＿＿＿＿＿＿＿＿

＿＿＿＿＿＿＿＿＿＿＿＿＿＿＿＿＿＿＿＿＿＿＿＿＿＿＿＿＿＿＿＿＿＿＿＿

＿＿＿＿＿＿＿＿＿＿＿＿＿＿＿＿＿＿＿＿＿＿＿＿＿＿＿＿＿＿＿＿＿＿＿＿

どう伝えるのがよいか（挙がった意見）：＿＿＿＿＿＿＿＿＿＿＿＿＿＿＿＿

＿＿＿＿＿＿＿＿＿＿＿＿＿＿＿＿＿＿＿＿＿＿＿＿＿＿＿＿＿＿＿＿＿＿＿＿

＿＿＿＿＿＿＿＿＿＿＿＿＿＿＿＿＿＿＿＿＿＿＿＿＿＿＿＿＿＿＿＿＿＿＿＿

3．長期休暇などを利用して、祖父母や親せき、知りあいの方に、自分の住んでいる地域の歴史について聞いてみよう。自分の発見やそこからめぐらせた考えについて文章にまとめたり、デジタルストーリーテリングに取り組んでみよう。

聞いたこと：_____

_____

_____

_____

_____

_____

_____

考えたこと：_____

_____

_____

_____

_____

_____

_____

_____

所属：_____　_____年

番号：_____　名前：_____

1．期末レポートの準備として本書全体を再読し、各章がメディア研究のどの地点
　をどのような方法で論じているのか、表15‑1の用語から選んで、一覧表にして
　みよう。特に関心のある研究地点や方法について、その特長をメモしてみよう。

章	研究地点	研究対象	研究の方法	特長・メモ
例	（ⅱ）	新聞記事	内容分析	資料が体系的に入手可能
1				
2				
3				
4				
5				
6				
7				
8				
9				
10				
11				
12				
13				
14				

2．本書全体を通読し、各章の各ワークの目的を、表15‑2のⅠ・Ⅱ・Ⅲの水準に
　　レベル分けしてみよう。自分自身が特におもしろいと感じたワークについて、な
　　ぜそう思ったのか、レポートにつながるような問いをメモしてみよう。

章	ワーク1	ワーク2	ワーク3	メモ（思い浮かんだ問いなど）
例	Ⅰ	ⅡとⅢ	Ⅰ	批判的に考えるにはどうすればよいか？
1				
2				
3				
4				
5				
6				
7				
8				
9				
10				
11				
12				
13				
14				

所属：＿＿＿＿＿＿＿＿＿＿＿＿＿＿＿＿＿＿＿＿＿＿＿＿＿＿＿　＿＿＿＿＿年

番号：＿＿＿＿＿＿＿＿＿＿＿＿＿　　名前：＿＿＿＿＿＿＿＿＿＿＿＿＿＿＿＿＿

索　引

*太字は，各章のキーワード

あ行

アイデンティティ　10, 128, 134, 135, 137, 140, **141**
アーカイブ研究　153, 154, **159**
アニメ　iii, 104, 107, 108, 110, 111, 114, 117, 134
アパドゥ（デュ）ライ，A.　99, 109
アルヴァックス，M.　148
安心　iv, 67, 84, 87, 88, 90　→不安
安全　85-88, 90, 132
異文化のパッケージ化　100, 101
インスタグラム　31, 32, 35-37, 46, 48
ヴァナキュラー　37, **40**
エコーチェンバー　17, 18, **20**
SNS　i, 2, 9, 14, 17, 22, 30, 31, 35, 36, 38, 46, 48, 49, 52, 62, 86, 99, 116-118, 132, 134, 141, 154
エスノグラフィー　7, 63, 153, 154, 159
エピファニー　135
エリクソン，E. H.　135
炎上　i, 4, 6, 13, 23, 52-54, 59, 61, 63, 119, 120
オタク　106, 134, 139
オーディエンス　iv, 4, 5, 7, 58, 63, 95, 99, 103, 117, 122, 133, 134, 138-140, **141**, 153, 154　→視聴者
オリンピック　1, 98, 111, 117

か行

カルチュラルスタディーズ　7, 8, **10**, 122, 138, 139, 152
観光地　iv, 38, 144, 146
監視社会　127, **132**
感動ポルノ　67, 68, **73**
客観的現実　74, **83**
クールジャパン　104-113, 117
グループインタビュー　54, 56-58, 61
グローバル化　94, 97, 99, 103, 105, 109, 110, 112, **113**, 122, 152, 156, 159
原子力／原発事故　84-89, 92
言説　7, 42, 45, 46, 49, **50**, 98-100, 103-105, 109-111
――分析　7, 8, 153, 154, 159
権力　10, 50, 103, 127, 130
広告　i, 6, 10, 24-26, 33, 35, 38, 40, 52-54, 56, 59-62, **63**　→フェムバタイジング
個人情報　76-78, 81
国家　1, 2, 4, 5, 7, 91, 95, 98, 99, 104-106, 111, 113, 117, 118
――ブランディング　104, 105, **113**, 117, 118,

121, 122
コーホート　45
コミュニケーション　2-5, 8, 31, 38-41, 48, 52, 53, 58, 61, 62, 67, 84, 134, 145, 152, 159
コンテンツ　iii, 2, 24, 30, 105-107, 109, 110, 114-118, 120-122, 153, 154, 159
文化――の越境　114, 121, **122**
コンピュータプログラム　47

さ行

サイード，E. W.　6, 108
差別　i, 13, 21, 25, 27, 52, 59, 61-64, 68, 81, 101, 108, 113, 130, 143
サンスティーン，C.　17, 20
ジェンダー　iv, 7, 10, 52, 54-59, 61-63, 79, 80, 103, 122
――バイアス　79-81, **83**
視聴者　9, 52-55, 58, 60-63, 89, 90, 100, 133, 154, 159　→オーディエンス
――（オーディエンス）の多様な読み　58, **63**
質的方法／量的方法　153
写真史　32, 34, 37, 39, **40**
集合的記憶　148
修整写真　37
集団的過熱取材（メディアスクラム）　77
障害／障がい　i, iv, 47, 64-73, 78
障害学　68, **73**
障害者役割　69, 70
障がい　64
障害の個人モデル／社会モデル　69, 73, 83
消費文化　44, 45
商品　25, 38, 44, 45, 49, 59, 60, 62, 63, 104, 107, 109, 111, 112, 122, 127
情報の選択的接触　17, 18, **20**
食の社会学　91, 92
植民地支配　97, 101, 103
シルバーストーン，R.　iii, iv
人種化　97, 98, 100, 103
スポーツにおける――　98, **103**
身体　iv, 2-4, 34, 37, 39, 42, 44, 45, 48-50, 65, 67-69, 89, 91, 98, 99, 101, 103, 126
――の社会学　42, **50**, 91
信頼　29, 84-88, 90, 91, **92**, 113
ステレオタイプ　5, 10, 61, 65, 66, 98, 103, 139, 143, 144, 146, 148, **150**
ストークス，J.　153
スマートフォン（スマホ）　i, 1, 3, 22, 24, 27, 31, 32, 34-39, 46, 48, 49, 124, 126, 132, 135, 151
性役割規範　52, **63**, 83
セルフィ（自撮り）　31, 32, 34, 37, 39, 40
セルフ・オリエンタリズム　108, 109, 111, **113**
専門家　28, 50, 85, 88-90, 92

ソーシャルメディア　iv, 15, 17, 22-24, 26-29, **30**, 78

た行

ダゲレオタイプ　32, 33, 37
多国籍化／多国籍企業　97, 115
地域イメージ　143
地域創生　142, **150**
地域の記憶　128, 148
チャリティ番組　66, 67
ツイッター　4, 14, 20, 22, 47, 77, 86, 155
テキストマイニング　44, **50**
デジタルストーリーテリング　144-146, 149, **150**
デジタルネイティブ　134, 141
データベース　125, 126, 128, 131, 155, 156
テレソン　66, 67
統計　53, 59, 60, 63, 74-76, 78, 79, 83, 151
同類結合（ホモフィリー）　17
トランスナショナル　109, 114, 121, 152, 156
トランプ, D.　19-21, 25, 26, 29

な行

内容分析　59, 153, 154, **159**
南北格差　97, 99, 100, **103**
『24時間テレビ』　67
ニュースサイト　16, 21, 23, 26, 28, 30
ネットフリックス　110, 111

は行

場所性　128, 129, 131, **132**
パーソナライゼーション　126, **132**
ハッシュタグ（#）　47, 82, 155
バヤール, H.　32-34
パラリンピック　64
パリサー, E.　17, 30
ハーレー, B.　129, 130
犯罪不安（社会）　74, 81
反日　119-121
ビッグデータ　20, 126, 127, 132, 153
表現の自由　19, 20, 27
表象　iv, 7, **10**, 67, 73, 97-100, 102, 103, 106, 108, 109, 111, 113, 118, 128
　異文化——　10, 95, 96, 100, **103**
　テレビ——　10, 66, **73**
ファクトチェック　28
ファッション　44-46, 48, 104, 105, 107, 109, 110
不安　iv, 74, 81, 84, 85, 90, 91, 99, 106　→安心
ファン（の）文化　118, **122**, 133
フィルターバブル　26-28, **30**
フィールドワーク　101, 122, 144, 145, 147, 148, 153

フェイクニュース　4, 13, 20-22, 24-30
フェムバタイジング　62　→広告
プライバシー　76-78, 80-82
プラットフォーム　iii, 9, 23, 30
プロパガンダ　4, 6, 9
文化交通　114, 122
文化論的転回　6, 7
ヘイトスピーチ　13, 25, 27
放射能　84, 86, 87, 89
報道被害　76, 77, 83
方法論的ナショナリズムの限界　156, **159**
ポピュラー音楽　104, 115, 122
　——のジャンル　114, **122**
ポピュラー文化　iv, 104, 105, 114, 115, 121, 122
ポピュリズム　6, 99
《home》　iv, 8

ま行

マイノリティ　13, 99, 150
マクルーハン, M.　3, 4, 8-10
マノヴィッチ, L.　35, 36, 40
マンガ　iii, 7, 65, 67, 104, 107, 108, 111, 117, 133-137
ミドルメディア　22-24, **30**
メディアイベント　1, 2, 64
メディア環境　8, 39, 52, 151, 152, 155, 156
メディア経験　iv, 7, 134-136, 138-140, 152, 156, 159
メディア接触　iv, 152
メディアの再帰性　iii, 9
メディアの物質性　4, 8, **10**
メディア不信　2, 29
メディアリテラシー　28, 82, 150, 156-158
モノ　38, 40, 44, 45, 49, 50, 107, 109, 110
モビリティーズ　38, **40**
モラルパニック　81

や行・ら行

ヤング, S.　67, 73
吉見俊哉　ii, 1, 4, 7
世論形成　iv, 13, 19
世論操作　26
世論の分極化　18, 19, **20**
ライアン, D.　127, 132
ライフストーリー　135, 136, 138, **141**
ラベリング　77, 80, 81, **83**
リスク　59, 84-87, 91, 92
　——報道　84, **92**
リップマン, W.　74, 143, 150
リフレクション（省察）　147
ルーマン, N.　84

執筆者紹介

序　章　岡井　崇之（おかい　たかゆき）　奥付の編者紹介を参照

第 1 章　辻　大介（つじ　だいすけ）　大阪大学大学院人間科学研究科教授

第 2 章　藤代　裕之（ふじしろ　ひろゆき）　法政大学社会学部教授

第 3 章　増田　展大（ますだ　のぶひろ）　九州大学芸術工学研究院講師

第 4 章　谷本　奈穂（たにもと　なほ）　関西大学総合情報学部教授

第 5 章　村田　玲子（むらた　れいこ）　株式会社ビデオリサーチ
　　　　　田中　東子（たなか　とうこ）　東京大学大学院情報学環教授

第 6 章　前田　拓也（まえだ　たくや）　神戸学院大学現代社会学部教授

第 7 章　四方　由美（しかた　ゆみ）　宮崎公立大学人文学部教授

第 8 章　柄本　三代子（えのもと　みよこ）　東京国際大学教育研究推進機構教授

第 9 章　窪田　暁（くぼた　さとる）　奈良県立大学地域創造学部准教授

第 10 章　大山　真司（おおやま　しんじ）　立命館大学国際関係学部教授

第 11 章　喜多　満里花（きた　まりか）　大阪公立大学大学院文学研究科 UCRC 研究員

第 12 章　松岡　慧祐（まつおか　けいすけ）　奈良県立大学地域創造学部准教授

第 13 章　池上　賢（いけがみ　さとる）　拓殖大学政経学部准教授

第 14 章　土屋　祐子（つちや　ゆうこ）　桃山学院大学国際教養学部准教授

終　章　石田　佐恵子（いした　さえこ）　奥付の編者紹介を参照

編者紹介

石田　佐恵子（いした　さえこ）

大阪公立大学大学院文学研究科教授。主著に『有名性という文化装置』（勁草書房、1998年）、『クイズ文化の社会学』（共編著、世界思想社、2003年）、『ポピュラー文化ミュージアム——文化の収集・共有・消費』（共編著、ミネルヴァ書房、2013年）など。

岡井　崇之（おかい　たかゆき）

奈良県立大学地域創造学部教授。主著に『アーバンカルチャーズ——誘惑する都市文化、記憶する都市文化』（編著、晃洋書房、2019年）、『ニュース空間の社会学——不安と危機をめぐる現代メディア論』（共編著、世界思想社、2015年）、『現代ジャーナリズムを学ぶ人のために〔第2版〕』（共著、世界思想社、2018年）など。

基礎ゼミ　メディアスタディーズ

2020 年 4 月 10 日　第 1 刷発行	定価はカバーに
2023 年 11 月 10 日　第 3 刷発行	表示しています

編　者　　石田佐恵子
　　　　　岡井崇之

発行者　　上原寿明

世界思想社

京都市左京区岩倉南桑原町 56　〒 606-0031
電話 075 (721) 6500
振替 01000-6-2908
http://sekaishisosha.jp/

Ⓒ 2020 S. ISHITA, T. OKAI　Printed in Japan

（印刷 太洋社）

ISBN978-4-7907-1741-6